Hubert Kölsch

Spirituell & erfolgreich

Praxisbuch für die Manifestation Ihres Erfolgs

ISBN 978-3-8434-1030-4

Hubert Kölsch
Spirituell & erfolgreich
Praxisbuch für die Manifestation
Ihres Erfolgs
Copyright © 2011
Schirner Verlag, Darmstadt

Umschlaggestaltung: Murat Karaçay,
Schirner, unter Verwendung unter
Verwendung von #546254
(Dragan Trifunovic) www.fotolia.de
Redaktion & Satz:
Barbara Rave, Schirner
Printed by: FINIDR, Czech Republic

www.schirner.com
1. Auflage 2011

Alle Rechte der Verbreitung, auch durch Funk, Fernsehen und sonstige Kommunikationsmittel, fotomechanische oder vertonte Wiedergabe sowie des auszugsweisen Nachdrucks vorbehalten

Für Isabelle, Doreen, Steven, Wayne

You made the difference in my life.

Inhaltsverzeichnis

Willkommen in der Gegenwart	11
Der Weg zum Erfolg führt über die Brücke	19
1. Säule: Dualität	25
Busfahrt mit dem Ego	30
Eine Postkarte oder	
die Suche nach der Lebensaufgabe	33
Der Käfig der Gedanken	38
Aktionsschritte	45
Affirmationen	49
2. Säule: Bewusstsein	51
Trojaner in der Seele	58
Das innere Kind	63
Quantenbewusstsein	67
Aktionsschritte	71
Affirmationen	75
3. Säule: Manifestation	77
Geben und annehmen	82
Ohne Wurzeln kein Wachstum	87
Aktionsschritte	92
Affirmationen	97

4. Säule: Lebensfreude	99
Schönheit	100
Disziplin	104
Humor	108
Wellbeing und Playtime	110
Aktionsschritte	114
Affirmationen	121
5. Säule: Wachstum	123
Das Gesetz von Zyklus und Wiederkehr	126
Das Gesetz der Resonanz	132
Das Gesetz der Harmonie	136
Aktionsschritte	143
Affirmationen	145
6. Säule: Die Sprache Gottes	147
Synchronizitäten und Zeichen	149
Vertrauen stärken	152
Natur	157
Aktionsschritte	160
Affirmationen	165
7. Säule: Flow	167
Der Aufbruch ist schwerer als die Reise	171
Fülle oder Geld	176
Aktionsschritte	181
Affirmationen	187

8. Säule: Verantwortung 189
        Commitment 191
        Aktionsschritte 198
        Affirmationen 199

Ausklang 201
        Schritte in Ihr neues Leben 203

Dank 205
Über den Autor 207

Willkommen in der Gegenwart

*»Die Menschen sind nicht immer,
was sie scheinen.«*
Gotthold Ephraim Lessing

Am Ende des Films »Next« sieht Cris Johnson, gespielt von Nicolas Cage, das *Potenzial* für eine Zukunft und entscheidet sich bewusst für eine andere Variante. Er verfügt über außergewöhnliche Fähigkeiten und hat Visionen. Daher weiß er, dass er jede Zukunft, die er einmal »gesehen« hat, neu gestalten und dadurch auch alles andere verändern kann.
Niemand kann also die wirkliche Zukunft sehen, denn die Ereignisse stehen noch nicht fest. Nur Potenziale können erkannt und zur Gestaltung der Zukunft genutzt werden. Kann ich meine Zukunft selbst erschaffen? Die Antwort lautet »Ja!«, denn Manifestation kennt nur das Jetzt.

Willkommen in der Gegenwart!

Ich kann alle Szenarien durchspielen, die ich denken kann und für möglich halte. Doch oft erfüllen sich meine Wünsche auf völlig andere Weise, und ich blicke staunend zurück, wie einfach alles zueinandergefunden hat. Heute, im Jetzt, erschaffe ich, was ich mir wünsche. Dazu muss ich meine Gedanken und Emotionen wahrnehmen, kontrollieren und steuern.

Manifestieren ist das Erschaffen von Ereignisketten, die schließlich zum erwünschten Ziel führen. Da ich aber nur den geringsten Teil davon kenne oder ihn mir vorstellen kann, macht es wenig Sinn, darüber nachzudenken. Im Gegenteil: Die Hauptblockade liegt darin, dass ich glaube, diese Ereignisse kontrollieren zu können. Der wichtigste Schritt ist aufzuhören, mir Gedanken zu machen, wie die erwünschten Ereignisse in mein Leben kommen könnten. Denn genau dann, wenn ich dies tue, bin ich nicht mehr in der Gegenwart.
Meine Aufgabe ist es, die Entscheidung darüber zu treffen, was ich manifestieren möchte. Daraus erschaffe ich mit meiner Vorstellungskraft ein Bild, das ich mir immer wieder in Erinnerung rufe. Gleichzeitig arbeite ich an meinen Emotionen und stelle mir vor, wie es sein wird, wenn ich dieses Ziel erreicht haben werde. Beides, mein Bild und die dazugehörigen positiven Emotionen, bringe ich dann als bereits erfüllt in die Gegenwart.
Nehmen wir zur Verdeutlichung einmal Folgendes an: Meine Zukunft sieht aus, als ob ich in den nächsten 15 Jahren immer höhere Schulden haben werde und keine Aussicht, mir je das Leben zu erschaffen, das ich mir wünsche. Jetzt habe ich *ein* Potenzial für die Zukunft gesehen, jetzt kann ich *dieses* Potenzial verändern. Stattdessen sehe ich nun eine Zukunft, in der ich in einem schönen Haus wohne, ein neues Auto in meiner Garage steht und ich über alles Geld verfüge, das ich brauche und mir wünsche. Auch bei dieser Vorstellung befinde ich mich anscheinend in der Zukunft anstatt in der Gegenwart. Das stimmt, denn dadurch beginnt der Manifestationsprozess, und ich hole mein erwünschtes Potenzial gedanklich und emotional in die Gegenwart.

Ich bin Teil des unendlichen göttlichen, energetischen Feldes, in dem es möglich ist, alles zu realisieren. Indem ich meine Wünsche, Träume und Visionen diesem zur Verfügung stelle, beginnen sie, sich zu realisieren. Jeder von uns ist Teil dieses Feldes und kann die Energie der Erschaffung nutzen.

Jedoch sind zwei Eintrittskarten notwendig:
Geduld und Vertrauen.

Das Feld der göttlichen Energie reagiert unmittelbar auf meine Wünsche. Das bedeutet nicht, dass die Wünsche auch sofort in Erfüllung gehen. Der Manifestationsprozess beginnt jedoch, und es erscheinen Zeichen in meinem Leben, die darauf hinweisen, dass bereits für alles gesorgt ist – auch wenn das Ziel, die Erfüllung meiner Wünsche, noch weit entfernt liegt.

Vor einiger Zeit habe ich mich für eine kurze Auszeit in ein Hotel zurückgezogen, um meine nächsten Ziele zu überdenken, diese klar auszudrücken und einen Manifestationsprozess zu beginnen. Dazu schrieb ich meine Wünsche und Fragen, für die ich nach Lösungen suchte, in ein besonderes Notizbuch und stellte sie damit der göttlichen Energie zur Verfügung. Auf diese Weise kann ich die Ziele loslassen und meinen Fokus darauf richten, was zu tun ist, um sie zu erreichen.

Eines dieser Ziele, das schon sehr lange als Bild in mir existiert, war, eine soziale und künstlerische Initiative in Afrika aufzubauen. Ich weiß noch nicht, wo und wie das geschehen soll, mir ist bewusst, dass die Verwirklichung dieses Ziels viel Zeit benötigen wird und auch im Moment noch nicht aktuell ist. Dennoch habe ich es in meine Planungen aufgenommen, weil es immer wieder als Idee zu mir kam.

Ich habe an diesem Abend bis zwei Uhr nachts geschrieben. Mit der Arbeit an dem Thema Afrika habe ich den Tag beendet. Dann dachte ich mir, ich schalte noch kurz den Fernseher ein, um ein wenig auf andere Gedanken zu kommen. Es lief ein alter, synchronisierter und kolorierter Spielfilm, in dem eine Gruppe weißer Reisender mit einem afrikanischen Stamm verhandelte.

Ich weiß weder wie der Film hieß noch habe ich ihn zu Ende angeschaut. Offensichtlich sollte ich den Fernseher »nur« kurz anschalten, um dieses Zeichen zu bekommen. Am nächsten Tag bin ich zurück nach München gereist. Noch an diesem Tag sind für zwei weitere

Ziele, die ich manifestiert habe, solche Ereignisse aufgetreten. Diese Zeichen sind für mich wie eine Art »Auftragsbestätigung«. Ich bin überzeugt, dass, immer wenn wir Wünsche und Gedanken aussenden, diese sofort beginnen, sich zu realisieren. Auch wenn es Zeit, manchmal Jahre bis zur Verwirklichung benötigt, die Manifestationsenergie wirkt sofort.

Nur wenn ich die bewusste Entscheidung treffe, dass *dies* meine Wünsche sind, die ich verwirklichen will, wird sich mein Leben nach und nach verändern. Es werden Ereignisse eintreten, die dazu beitragen, dass die erwünschten Veränderungen stattfinden.

Meine Entscheidung ist der Magnet, an dem sich alles andere ausrichtet.

Wenn ich diese Entscheidung aufgebe oder daran zweifle, wird die Anziehungskraft des Magneten schwächer, und die Dinge werden sich erst dann neu justieren, wenn ich meine Entscheidung wieder festige oder eine neue treffe.

Ich transportiere meine Entscheidung in die Gegenwart und verhalte mich mental und emotional so, wie es meiner Zukunft entspricht. Das mag schwierig sein, wenn gestern mein Bankkonto gesperrt wurde oder die Beziehung auseinandergebrochen ist. Aber es funktioniert tatsächlich. Meiner gegenwärtigen Realität liegt ein bestimmtes Bewusstsein zugrunde, und hier beginnt der Veränderungsprozess. Ich brauche keine besonderen Voraussetzungen, sondern muss einfach beginnen, dann werden die Ereignisse, die notwendig sind, in mein Leben treten.

Wenn ich eine neue Realität erschaffen will, verändert sich mein Bewusstsein durch die Entscheidung, die ich treffe. Alles ist miteinander verbunden, und es spielt keine Rolle an welchem Punkt ich beginne. NUR irgendwann muss ich mit dem Prozess beginnen!

Mit regelmäßiger Arbeit an meiner persönlichen Entwicklung und der realen Umsetzung der notwendigen Schritte, seien es Organisation, Zeitmanagement oder konzeptionelle Arbeit, werde ich mein Ziel erreichen.

Wie kann das Buch Sie in Ihrer Manifestationsarbeit unterstützen?

Dies ist ein Arbeitsbuch. Wenn Sie es gelesen haben, stellen Sie es bitte nicht ins Regal, sondern nehmen Sie es immer wieder zur Hand. Sie können mit einzelnen Kapiteln arbeiten oder darin blättern und die für Sie in diesem Moment passenden Gedanken oder Übungen finden. Am Ende eines jeden Kapitels sind Aktionsschritte und Affirmationen beschrieben, mit denen Sie das jeweilige Thema bearbeiten, verändern und vertiefen können. Sie können auch mit jedem Kapitel einzeln arbeiten, denn die Themen sind miteinander verbunden, aber nicht voneinander abhängig.

Vielleicht denken Sie darüber nach, mit Ihren spirituellen Fähigkeiten eine erfolgreiche Berufstätigkeit zu erschaffen. Durch die Arbeit mit diesem Buch beginnen Sie, die Brücke zu bauen, die Spiritualität und beruflichen Erfolg miteinander verbindet. Dies bedeutet Arbeit, nicht nur organisatorische, sondern in erster Linie Arbeit an Ihnen selbst.

Damit die Verbindung zwischen Spiritualität und Erfolg tragfähig und zuverlässig wird, beschreibe ich Ihnen den Manifestationsprozess anhand von acht Säulen. Dies sind häufig diejenigen Stationen unseres Lebenswegs, an denen es kritisch wird oder wir sogar einbrechen. Wenn Sie sich mit diesen Punkten kontinuierlich auseinandersetzen, wird die Brücke immer stabiler, und bald wird Ihr spiritueller und beruflicher Erfolg auf sicheren Beinen stehen.

Manches in diesem Buch wird Ihnen bekannt sein, einiges neu oder fremd, und anderes wird Ihren Widerspruch hervorrufen. Arbeiten Sie mit den Gedanken und Aufgaben, die Sie ansprechen, und lassen Sie die anderen ruhen, bis der richtige Zeitpunkt gekommen ist. Die Gedanken, die unsere heftigsten Emotionen auslösen, sind genau diejenigen, in denen auch unser größtes Entwicklungspotenzial liegt.

Urteilen Sie nicht. Warten Sie. Vertrauen Sie.

Nach langen Überlegungen habe ich mich entschieden, das Buch in der »Ich-Form« zu verfassen, um Sie, liebe Leserin und lieber Leser, direkt anzusprechen. Mein Ziel ist es, dass durch dieses Buch ein Dialog entsteht, der uns allen hilft, das Leben, das wir uns wünschen, zu erschaffen. Ich wünsche uns allen ein Leben voller Erfolge, die wir durch unsere Eigenverantwortung und Zusammenarbeit mit Gott erreichen können. Mit diesem Buch möchte ich Sie dabei unterstützen, ein glückliches, erfülltes und erfolgreiches Leben zu führen. Ich danke Ihnen von Herzen für Ihr Vertrauen.

»Willkommen in der Gegenwart« ist für mich mehr als ein Motto, es ist eine Entscheidung, ein Gefühl und eine Lebenshaltung, die mein Leben täglich positiv verändert.

Hubert Kölsch   *München, April 2011*

Der Weg zum Erfolg führt über die Brücke

»Niemand kann die Brücke bauen,
auf der du gerade über den Fluss des Lebens schreiten musst,
niemand außer dir allein.«
Friedrich Nietzsche

Eine der häufigsten Fragen in meinen Beratungen betrifft die Suche nach der Lebensaufgabe: »Was ist meine Lebensaufgabe und wie finde ich sie?« Meine Lebensaufgabe habe ich gefunden, wenn ich die Brücke zwischen Erfolg und Spiritualität baue.

Für mich war der schwierigste Schritt auf dem Lebensweg eine Art »spirituelles Outing«, denn ich war und bin in der Geschäftswelt zu Hause. Lange hatte ich die Sorge, was wohl ein Kunde sagen würde, wenn er erführe, dass ich mit Engeln arbeite. So habe ich die beiden Berufe, ich nenne es den normalen und den spirituellen, voneinander getrennt. Ich fühle mich in der spirituellen Welt wohl, besuche Veranstaltungen, gebe Engel-Readings und biete Seminare an. Auch in der anderen Welt, in der ich Trainings leite und im Bereich Erlebnispädagogik seit vielen Jahren aktiv bin, arbeite ich mit Begeisterung. Das Ergebnis war, dass ich mich nirgends richtig zu Hause fühlte und begann, mit meiner Arbeit unzufrieden zu werden. Schließlich entschied ich mich, eine berufliche Realität zu erschaffen, in der ich beides miteinander vereinen kann.

Jeder von uns trägt einen funkelnden Diamanten von unschätzbarem Wert in sich, den es zu entdecken gilt. Einen wertvollen Diamanten zu schleifen, erfordert viel Arbeit und Zeit.

Die Zeit ist reif: Machen Sie sich auf die Reise, suchen Sie den Diamanten Ihrer einzigartigen Fähigkeit, und beginnen Sie, ihn zu befreien, zu schleifen, und verleihen Sie ihm Glanz.

In den vergangenen Jahren habe ich viele wunderbare Menschen kennengelernt, die über beeindruckende Fähigkeiten verfügen und diese gerne zu ihrem Beruf machen möchten. Von ganzem Herzen möchte ich auch Sie dabei unterstützen, die Brücke zu bauen, die Ihre Spiritualität mit Ihrem Erfolg verbindet.

Spirituelles Arbeiten wird Schritt für Schritt mehr Raum im sogenannten normalen Erwerbsleben einnehmen. Meine Vision ist, dass immer mehr Menschen damit erfolgreich werden und dadurch unsere Wirtschaft und Gesellschaft verändern. Seminare, Kongresse und jede Praxis haben wirtschaftlichen Einfluss. Die Klienten reisen, essen, übernachten und nehmen Angebote wahr. Die Anbieter mieten Räume, kaufen Mobiliar, organisieren Workshops. Je mehr Menschen in diesen wirtschaftlichen Kreisläufen aktiv werden, desto schneller wird sich die Nachfrage ändern, beispielsweise für Biomärkte, Buchhandlungen, Seminare und Fernsehsendungen. Vielleicht schmunzeln Sie, wenn Sie das lesen und mich vielleicht für einen Träumer halten. Das stimmt, ich bin ein Träumer, denn die Vision steht immer am Beginn des Manifestationsprozesses. John Lennon hat dies in seinem berühmten Lied »Imagine« beschrieben. Am Anfang sind es nur wenige, die einem Traum folgen, doch immer mehr Menschen schließen sich an, und eines Tages wird die Welt tatsächlich eine andere sein. Die Geschichte gibt den Träumern recht, denn es sind bereits viele Dinge eingetreten, die wenige für möglich hielten – und ich bin überzeugt, das war erst der Anfang.

Die Aktionsschritte, die ich in diesem Buch vorschlage, funktionieren und haben mein Leben verändert. Allerdings sind dazu zwei Voraussetzungen notwendig:

Die Bereitschaft,
- erfolgreich sein zu *wollen*, und
- an sich zu arbeiten, um einen Veränderungsprozess zu *beginnen*.

Dann geschehen Wunder. Als Wunder bezeichnen wir positive Veränderungen und Ereignisse, die wir nicht vorhersehen konnten oder nicht für möglich gehalten haben und im Nachhinein meist nicht erklären können.

Ein Wunder ist also etwas,
was eigentlich nicht sein kann
und sich trotzdem ereignet hat.

Gibt es also tatsächlich Wunder? Nein.
Wunder sind unsere persönlichen Erfolge. Sie sind Ergebnisse eines höchst erfolgreichen Manifestationsprozesses. Wenn ein Ereignis eintritt, das ich als Wunder bezeichne, habe ich meinen Traum manifestiert und die Kontrolle darüber, wie er sich realisieren könnte, losgelassen.

Ich bin der festen Überzeugung, dass es eine höchste geistige Energie gibt, die uns mit bedingungsloser Liebe unterstützt. Dies bedeutet, dass sie uns beschützt, in lebensbedrohlichen Situationen eingreift und uns alles, *wirklich alles*, zur Verfügung stellt, was zu unserem höchsten Wohl notwendig ist. Die einzigen Begrenzungen sind unsere eigenen Zweifel und Ängste. Die liebevolle Energie ist es, die in einer zeitlosen Sphäre für uns arbeitet und uns hilft, unsere göttlichen Fähigkeiten immer mehr zu entdecken.

Diese Kraft hat in allen Kulturen und Religionen unterschiedliche Namen: Gott, Engel, Universum, Schöpfer, Großer Geist, Spirit. Nennen Sie es, wie Sie möchten. Sie werden, wenn Sie sich mit dieser Energie verbinden, den für Sie richtigen Namen finden.

Ich habe mich dafür entschieden, in diesem Buch das Wort »Gott« zu wählen, weil es für mich die Kraft, Liebe und Quelle beschreibt, aus der alles kommt und zu der alles zurückkehrt.

Wunder sind Erfolge der Zusammenarbeit zwischen uns und Gott.

Säule 1

Dualität

> »Der weiche Gang geschmeidig starker Schritte,
> der sich im allerkleinsten Kreise dreht,
> ist wie ein Tanz von Kraft um eine Mitte,
> in der betäubt ein großer Wille steht.«
> Rainer Maria Rilke

Wir haben freiwillig die Welt des Lichts und der Liebe verlassen, damit wir lernen und neue Erfahrungen machen können. Deswegen haben wir uns entschieden, hierher auf die Erde zu kommen. Voraussetzung dafür war, zu vergessen, woher wir eigentlich kommen. Durch die Herausforderungen, die wir hier erfahren, entwickeln wir uns weiter – individuell und gemeinsam. Damit dies geschehen kann, ist die Dualität notwendig. Sie erschafft die Schwierigkeiten, durch die wir lernen können. Unsere besten Lernfelder sind die Themen Gesundheit, Beziehung und Geld. Die Emotionen, um die es geht, sind Angst und Vertrauen. Damit diese zur Entfaltung kommen können, gibt es unser Ego, das uns mit Emotionen konfrontiert, die uns zum Lernen zwingen. Diese Zusammenhänge werden als Dualität bezeichnet.

1. Säule

Unsere Realität ist also bestimmt und geprägt durch die Dualität. Nichts existiert ohne das entsprechende Gegenteil. Daher ist das Ego unser ständiger Begleiter. Es konfrontiert uns mit den Herausforderungen unseres Lebens und versucht, uns daran zu hindern, unsere göttlichen Fähigkeiten zu leben. Dies gelingt dem Ego durch die Erzeugung der Vorstellung, dass wir Opfer unserer Lebensumstände sind und von unserem göttlichen Bewusstsein getrennt leben.

Dualität ist die wichtigste Säule der Brücke, die wir bauen, denn bei allen anderen Säulen wird dieses Thema wieder auftauchen. Die Herausforderungen der Dualität zu meistern, ist die entscheidende Basis für Entwicklung im Leben und das Ego unser wichtigster Lehrer. Das Ego ist der Antagonist, unser Gegenspieler, der die Gegensätze in unserem Leben erschafft, wie Licht und Schatten, Gut und Böse, Krieg und Frieden, Liebe und Hass. Nur weil es das eine gibt, können wir das andere erschaffen. Nur durch die Dualität sind persönliches Wachstum und Veränderung möglich. Unser Ego ist für die Erfüllung unserer Lebensaufgabe zwingend notwendig. Es ist gerade *nicht* unsere Aufgabe, das Ego zu überwinden, sondern in Frieden mit dem Ego zu leben und zu handeln und jegliche Opferhaltung aufzugeben.

Ich bin von folgenden Grundannahmen überzeugt:

- Wir haben uns für dieses Leben mit allen Erfahrungen und Konsequenzen entschieden und sind freiwillig hier auf dieser Welt.

- Unsere Aufgabe ist es, uns weiterzuentwickeln, unsere Themen zu bearbeiten und damit unsere energetische Schwingung zu erhöhen.

- Durch unsere individuelle Arbeit erhöhen wir gleichzeitig die Energie und die Schwingungsfrequenz der Erde.

- Ziel ist es, Licht, Liebe und Frieden wieder vollständig auf die Erde zurückzubringen.

Dies ist meine persönliche Vorstellung vom Sinn unseres Daseins. Jedoch ist es letztlich der freie Wille jedes Einzelnen, sich zu entscheiden, welchen Sinn er oder sie für sich im Leben sucht und findet.

Die größte Gefahr ist, dass wir uns von unseren eigentlichen Aufgaben ablenken lassen und uns nicht mehr um die eigene Entwicklung kümmern. Wichtig ist, dass wir lernen, die Dualität zu meistern und unser Ego zu kontrollieren, denn das sind die spirituellen Rahmenbedingungen, in denen wir leben. Ich habe die Erfahrung gemacht, dass es mir leichter fällt, die Herausforderungen anzunehmen, wenn ich verstehe, dass sie Teil meiner Aufgaben im Leben sind und ich diese freiwillig gewählt habe.

Als Ego wird häufig das bezeichnet, was uns an der Entfaltung unseres Potenzials hindert. Schwierigkeiten, Streit und Süchte liegen in unserem Ego begründet. Deswegen wird unser Ego als negativ beschrieben. Es heißt, der Ego-freie Zustand sei erstrebenswert, und ein paar Yogis auf der Welt haben ihn sicherlich auch erreicht, während die Mehrheit der Menschen weiterhin mit dem Ego kämpft.

Lieben Sie Ihr Ego? Ja, bitte lieben Sie es!

Akzeptieren Sie es in Ihrem Leben, und seien Sie ihm dankbar für all die Herausforderungen und Lernchancen, die es Ihnen bietet. Betrachten Sie das Ego als notwendigen seelischen Anteil für Ihre persönliche Entwicklung.

Das Ego zeigt mir, wo ich Schwierigkeiten habe. Angst, mangelnde Disziplin und negative Emotionen fallen ebenso in den Aufgabenbereich des Ego wie Ehrgeiz, Neid und die Jagd nach Liebe und Anerkennung. Alle Herausforderungen, Aufgaben und Wachstumsmöglichkeiten resultieren aus meiner Interaktion mit dem Ego.

Opferhaltung ist der Spielplatz des Ego.

Wenn wir uns als Opfer fühlen, geben wir unsere Eigenverantwortung ab, und das Ego übernimmt die Kontrolle in unserem Leben. Dies führt zu Lähmung, und das Leben entgleitet uns. Natürlich ist die Welt voll von Ereignissen, die uns dazu einladen, diese Haltung zu intensivieren. Das Tückische daran ist, dass damit stets die Frage nach Schuld verknüpft ist. Wenn jemand Schuld hat, ist er Täter, wenn jemand keine Schuld hat und Schaden erleidet, ist er Opfer. Bei dieser Denkweise siegt das Ego über unsere Selbstverantwortung, und die Probleme in unserem Leben nehmen so lange zu, bis wir unsere Opferhaltung aufgeben.

Opferhaltung ist ein hartnäckiges Verhaltensmuster, und es braucht wirklich Zeit, dieses nachhaltig zu verändern. Hinzu kommt, dass Opferhaltung von unserem Ego gefördert wird. Jedoch haben wir unser Leben selbst in der Hand. Wir können es verändern, unabhängig davon, ob wir die Situation verschuldet haben oder ob wir eine Veränderung für möglich halten.

Der wichtigste Schritt, die Dualität zu meistern, ist die Veränderung im Bewusstsein von der Opferhaltung hin zur Eigenverantwortung. Dann kann mich das Ego mit Herausforderungen für mein persönliches Wachstum konfrontieren, aber ich kontrolliere den Prozess.

Ich möchte dies mithilfe eines Beispiels verdeutlichen: Ich befinde mich auf einem Schiff, der Kapitän steuert auf ein Riff zu, das Schiff läuft auf, schlägt

Leck und sinkt. Was werde ich tun? Um mein Leben schwimmen oder lieber den Kapitän beschimpfen, dem Riff die Schuld geben und über den Zustand des Schiffes klagen? Die einzige Konsequenz wäre, dass ich ertrinke. Ebenso ist es mit den Herausforderungen in meinem Leben. Nur beginne ich oft nicht zu schwimmen, sondern warte, bis ich untergehe, weil die Konsequenzen nicht so offensichtlich sind wie in diesem Beispiel.

Und es gibt einen wesentlichen Unterschied: Schwimmen habe ich gelernt. Wie ich hingegen mit Problemen in meinem Leben umgehe, habe ich kaum gelernt – und wenn doch, dann nur durch die Probleme, die mir bereits begegnet sind. Bevor wir im Schwimmunterricht das erste Mal ins Wasser gehen, werden uns die Bewegungen gezeigt und wir bekommen Schwimmhilfen, damit wir nicht untergehen. Im Leben gehen wir erst einmal unter und lernen dabei. Die wichtigste persönliche Kompetenz, die es gilt, möglichst früh im Leben zu erlernen, ist das Umschalten von Opferbewusstsein auf Selbstverantwortung. Erst dann kann sinnvoll über Lösungen nachgedacht werden.

Ich erinnere mich noch gut an Zeiten in meinem Leben, in denen ich die Aspekte, über die ich heute schreibe, noch nicht kannte oder zu wenig über die Konsequenzen nachgedacht habe. Natürlich falle auch ich immer wieder in eine Opferhaltung. Der Unterschied ist, dass mir inzwischen bewusst ist, dass ich selbst schwimmen muss, das heißt, ich übernehme die Verantwortung für Veränderungen in meinem Leben.

Es gibt viele Beispiele dafür, wie Menschen in ausweglosen Situationen, mit unheilbaren Krankheiten, mit Folgen von Unfällen oder hoher Verschuldung ihr Leben komplett verändern konnten. In einigen Fällen haben diese Menschen über ihren Weg Bücher geschrieben oder sind aus den Medien bekannt, sodass ihre Erfahrungen leicht zugänglich sind und wir daraus lernen können. Von der Kernaussage her verläuft der Weg bei allen ähnlich – über Selbstverantwortung, Kontrolle der Gedanken und Disziplin.

1. Säule

Die Entscheidung für einen Wechsel des Bewusstseins von der Opferhaltung zur Verantwortung wird auch gesellschaftlich positive Veränderungen haben. Opferhaltung ist charakterisiert durch Negativität, Neid, Beschuldigung anderer, Wut, Missgunst und Streit. Dies richtet sich sowohl gegen uns selbst als auch gegen Familienmitglieder, Freunde, Kollegen, Vorgesetzte, Politiker. Die wirtschaftliche Situation eines Landes wird langfristig nicht durch staatliche Programme verbessert, sondern durch die positive Veränderung der Gedanken und Emotionen des Einzelnen. Jede Situation, in der es uns gelingt, die Herausforderungen der Dualität zu meistern, ist auch ein Schritt zur gesellschaftlichen und wirtschaftlichen Entwicklung.

Busfahrt mit dem Ego

Der Lauf des Lebens ist wie eine lange Reise mit dem Bus, auf der mein Ego und ich die Reiseleiter sind. Jedoch bin ich der Chef. Ich muss der Chef sein, sonst führt die Reise ins Chaos. Aber mit dem Ego konkurriere ich um die Route und die Kontrolle. Das Ego möchte die Fahrt in Richtung Opferbewusstsein steuern, mein Ziel ist die Selbstverantwortung, und ich möchte meine göttlichen Fähigkeiten erkennen und einsetzen können.

Ich kann selbst über die Reiseroute entscheiden, mir helfen lassen und Hilfsmittel zur Navigation benutzen. Das »Wie« ist mir freigestellt. Ich entscheide, wer mich begleitet: manche Menschen während der gesamten Fahrt, also das ganze Leben lang; manche wollen nur transportiert werden, das heißt, sie nutzen meine Energie; manche steigen unterwegs zu, andere aus oder springen überraschend während der Fahrt auf und später wieder ab. Ich bestimme die Richtung, die Haltestellen und wie lange ich an bestimmten Punkten verweile. Ich nehme Abkürzungen, oft ohne es zu wissen, oder gerate in eine Sackgasse und habe größte Mühe, wieder herauszukommen, und manchmal – leider viel zu selten – mache ich einfach Pause.

Während dieser Fahrt ereignet sich sehr viel im Bus. Ich schließe mit bestimmten Menschen Freundschaft, zeige ihnen viele Details in meinem Bus. Andere bekommen weniger zu sehen. Manchmal pöbelt das Ego die Mitreisenden an, dann werde ich plötzlich Schwierigkeiten bekommen, und natürlich wird sich mein Ego mit dem Ego der anderen Fahrgäste anfreunden und versuchen zu kooperieren.

Das Ego handelt immer sanktionsfrei. Insofern kann das Ego bedenkenlos alles versuchen, denn die Konsequenzen habe immer ich zu tragen. Schuldgefühle habe ich, nicht mein Ego.

**Es ist noch niemandem gelungen,
sein Ego zu bestrafen oder zu sanktionieren!**

Die wichtige Frage hinsichtlich der Kontrolle des Ego ist: Wer sitzt in meinem Bus am Steuer? Immer wenn das Ego die Möglichkeit hat, das Steuer zu übernehmen, werden die Probleme mehr. Dann versuche ich möglichst schnell und konsequent, das Steuer wieder zu kontrollieren.

Wenn ich hungrig bin, hat mein Ego es sehr leicht, die Kontrolle zu übernehmen. Im sogenannten Unterzucker oder auf dem Hungerast, wie es im Sport genannt wird, öffnen sich meinem Ego die Tore und es kann sehr leicht in meine sonst recht gut geschützte Burg einfallen. Wenn ich im »Hungerloch« sitze, kann ich wirklich unausstehlich sein – sehr zum Leidwesen meiner Umgebung. Insbesondere morgens und mittags neige ich dazu, viel, manchmal zu viel zu essen, und ich habe mich immer wieder gefragt, warum das so ist, bis mir eines Tages der Zusammenhang mit meinem Ego klar wurde. Anscheinend habe ich in meinem Unterbewusstsein beschlossen, dass ich möglichst viele Reserven anlegen muss, damit ich spät oder am besten gar nicht in ein »Hungerloch« falle. Dies klingt zunächst einmal logisch, doch führt es dazu, dass ich oft einfach zu viel esse, was ich eigentlich auch nicht möchte.

Hier zeigt sich, wie trickreich und auf welchen unterschiedlichen Ebenen das Ego versucht zu manipulieren. Ich habe also quasi das Ego durch den Haupteingang hinauskomplimentiert, indem ich genügend gegessen habe, und es jedoch gleichzeitig durch die Hintertüre wieder hereingebeten. Denn jetzt »füttert« das Ego im wahrsten Sinne des Wortes mein Unterbewusstsein mit der Information: »Du muss mehr essen, damit dein Ego dich im ›Hungerloch‹ nicht kontrollieren kann.« Solange ich nicht die Verantwortung für eine Situation in meinem Leben übernehme und die Entscheidung für die Kontrolle der Situation treffe, ist das Ego in der Lage, annähernd jede Situation und Maßnahme »umzudrehen« und zum eigenen Vorteil zu nutzen. In diesem Fall hat sich das Ego nur einen anderen Weg gesucht, die Kontrolle zu übernehmen. Es hat meine Angst, ins »Hungerloch« zu fallen, dazu genutzt, mein Essverhalten zu kontrollieren.

Die Lösung hieß für mich in diesem Fall, die Verantwortung dafür zu übernehmen, dass ich das Ego insbesondere im »Hungerloch« kontrolliere und mein Essverhalten steuere und einschätze.

Wie gelingt es dem Ego, mich mit Herausforderungen zu konfrontieren, ja, manchmal sogar zu überhäufen? Die Türen für das Ego sind meine Emotionen. Von dort kann das Ego beginnen, meine Gedanken zu beeinflussen. Aber der Beginn sind immer die Emotionen. Je stabiler ich emotional bin, umso stärker bin ich in der Kontrolle meines Ego. Will ich lernen, professionell mit meinem Ego umzugehen, werde ich mich in allererster Linie um meine Emotionen kümmern müssen.

Wenn ich verliebt bin und die berühmten »Schmetterlinge im Bauch« habe, gibt es praktisch keine Probleme mehr in meinem Leben. Was mir einige Tage zuvor noch erdrückende Sorgen bereitet hat, spielt jetzt keine Rolle mehr. Natürlich ist dieselbe Situation noch da und muss gelöst werden. Manchmal verschwinden Probleme aber auch gerade in dem Moment, in dem ich mir ihretwegen keine Sorgen mehr mache. Dann hat das Ego aufgegeben und sieht keine Chance, mich mit Sorgen zu »füttern«, weil die Kraft der Liebe unbesiegbar ist.

Wenn ich hingegen Liebeskummer habe oder Probleme in der Beziehung, steigt mein Stresslevel, die Anzahl der Probleme in meinem Leben nimmt plötzlich rapide zu, und es kommen zusätzliche Herausforderungen auf mich zu, die ich mir zuvor nicht vorstellen konnte. Auch wird es in dieser Situation schwieriger, bereits bestehende Probleme in den Griff zu bekommen.

Eine Postkarte oder die Suche nach der Lebensaufgabe

Ohne Klarheit über die eigene Lebensaufgabe scheint es schwierig, erfolgreich zu sein. Die Frage nach der Lebensaufgabe stellt sich mir jedoch nur dann, wenn ich unzufrieden bin. Wer in Frieden mit seinem Leben ist, so wirkt es zumindest nach außen, hat seine Lebensaufgabe gefunden. Wenn fehlende Klarheit und Unzufriedenheit aufeinandertreffen, entsteht in der Regel eine hartnäckige Blockade.

Ich glaube nicht, dass jeder von uns im gesamten Leben nur *die eine* Lebensaufgabe hat, sondern dass wir immer wieder neue Herausforderungen bekommen, aus denen sich eine Aufgabe zum Wohl aller entwickelt. Dennoch kann es sein, dass wir uns mit bestimmten Themen wie Geld, Gesundheitsproblemen oder Abhängigkeiten sehr lange beschäftigen müssen. Dies sind jedoch keine Lebensaufgaben, sondern Aspekte, die wir uns zur Bearbeitung in diesem Leben vorgenommen haben. Die Lebensaufgabe ist der persönliche Beitrag im Rahmen der Dualität.

1. Säule

Eine Lebensaufgabe ist jedoch nicht anhand von Popularität, Größe, Wichtigkeit oder beispielsweise der Anzahl der Menschen, die meine Seminare oder Vorträge besucht haben, messbar. Wenn ich diese Gedanken habe, hat mein Ego mich wieder einmal in die Zukunft entführt. Meine Lebensaufgabe findet ausschließlich in der Gegenwart statt und zeigt sich in dem, was ich in der Gegenwart tue.

Dieser Aspekt wird sehr schön in dem Film »Mr. Holland's Opus« dargestellt. Glenn Holland möchte als Komponist leben und beschließt, zunächst einige Jahre als Musiklehrer zu arbeiten, um genügend Geld zu verdienen, damit er sich später der Komposition seiner Symphonie widmen kann. Aus den geplanten wenigen Jahren wird ein ganzes Leben als Musiklehrer, und nach vielen Jahren voller Schicksalsschläge wird seine Stelle eingespart. Schließlich wird ihm zu Ehren ein großes Fest organisiert. In einer Rede sagt eine ehemalige Schülerin, inzwischen beruflich sehr erfolgreich, dass sie ohne Mr. Holland's Musikunterricht die Erfolge ihres Lebens nicht geschafft hätte und er unzähligen Menschen im Leben geholfen habe. Mr. Holland kann daher auf ein beeindruckendes Lebenswerk zurückblicken.

Dieser sehr schöne und emotionale Film beschreibt, wie das Ego immer wieder versucht zu vermitteln, dass ich mit meiner Lebensaufgabe gescheitert bin, wenn ich diese nicht so erfülle, wie ich es mir vorgestellt habe. Die zentrale Blockade für das Finden der eigenen Lebensaufgabe liegt darin, dass ich die Aufgabe, die ich gerade in der Gegenwart erfülle, als minderwertig betrachte.

Vielleicht ist Ihnen eine der beiden Aussagen schon einmal begegnet:

- Das ist für eine Lebensaufgabe nicht bedeutsam genug.

- Ich bin es nicht wert, diese Aufgabe zu erfüllen.

Die Frage nach der Lebensaufgabe stellt sich, wenn ich meine spirituelle Entwicklung vorantreibe und mich gleichzeitig beruflich und privat nicht mehr wohlfühle. Vielleicht unterstützt mein Partner die spirituellen Seminare, die ich besuche, nicht mehr, oder ich kann mit Arbeitskollegen nicht über Engel, Channeln oder Orbs sprechen. Jetzt sitze ich in der Klemme, denn mein Leben soll nicht mehr so bleiben, wie es ist. Aber ich habe keine Idee oder sehe keine Chance, wie es funktionieren soll, dass es so wird, wie ich es mir wünsche. Es fehlt die Orientierung, und um diese zurückzuerlangen, beginne ich, meine Lebensaufgabe zu suchen. Ich glaube, dass ich nur ein Ziel brauche, damit ich alles besser ertragen kann und ich weiß, wo es hingehen soll.

Ich wünsche mir eine Postkarte von Gott, auf der präzise mein Auftrag steht: »Hilf den Waisenkindern« oder »Eröffne eine Yoga-Schule«. Wenn ich diese Postkarte hätte, würde sich mein Leben auch nicht verändern, aber ich hätte eine Sicherheit durch ein klares Ziel. Nur schickt mir Gott die Postkarte nicht, und sie wird auch nicht von irgendwo anders herkommen.
Die Antwort auf die Frage nach der Lebensaufgabe erscheint vielleicht unerwartet einfach, jedoch stellt die Umsetzung die wirkliche Herausforderung dar.

Die Lebensaufgabe ist immer genau das, was ich gerade tue.

Der Weg zur Lebensaufgabe verläuft genau andersherum, als ich glaube, und die Postkarte schreibt nicht Gott mir, sondern ich schreibe und sende die Postkarte an Gott. In dem Moment, in dem ich mit meinem Leben im Frieden bin und die Aufgaben akzeptiere, die in der Gegenwart vor mir liegen, werde ich die nächsten Schritte erkennen.
Wenn ich diesen Weg eine Zeit lang konsequent gehe, verändert sich mein Leben. Probleme lösen sich und neue Chancen werden sichtbar. Voraussetzung dafür ist, diese Arbeit wirklich mit Disziplin und Durchhaltevermögen

zu verrichten. Das bedeutet nicht, gelegentlich zu meditieren oder einen Wochenendworkshop zu besuchen, sondern wirklich täglich an sich zu arbeiten. Bei meinen Engel-Beratungen habe ich immer wieder die Erfahrung gemacht, dass sich bei denjenigen, die wirklich konsequent ihre Aufgaben erledigten, die sie von den Engeln bekommen hatten, das Leben rasant verändert hat.

Eine Lebensaufgabe, mit der ich die Herausforderungen der Dualität meistern kann, besteht stets aus »Service«-Gedanken. Mit »Service« ist gemeint, dem höchsten Wohl der Menschen und der Erde zu dienen.

Für mich hat der Begriff »dienen« eine zu negative Bedeutung, denn er beinhaltet auch die Aufgabe des Willens und die Abgabe der Verantwortung. Genau das Gegenteil ist jedoch gemeint. Die englische Sprache ist mit dieser Formulierung präziser: »to be on service«. Meine Aufgabe ist es, Service zum höchsten Wohl anzubieten. Zugegeben, dies ist eine etwas ungewohnte Formulierung, und vor allem mein Ego mag sie gar nicht.

»Arbeit ist sichtbar gemachte Liebe« schreibt Khalil Gibran in seinem zeitlosen Meisterwerk »Der Prophet«.[1] Besser kann man das Thema nicht beschreiben.

Die nächste Frage auf der Suche nach der Lebensaufgabe lautet: »Welchen Aufgaben muss ich mich jetzt stellen, damit ich die nächsten Schritte gehen kann?« Jedoch suche ich oft nach Bestätigung, anstatt die vor mir liegende Lernaufgabe anzunehmen und aufzulösen.

**Insofern ist die Suche nach der Lebensaufgabe
die Blockade, die mich daran hindert,
meine Lebensaufgabe erkennen zu können.**

Der erste Schritt ist, die Haltung der Unzufriedenheit zu verlassen und sich mit der Situation, so, wie sie gerade im Leben ist, zu versöhnen. Solange ich dagegen ankämpfe, werde ich mich nur noch mehr blockieren. Wenn ich mit

---

[1] Khalil Gibran: Der Prophet. Verlag Hans Schiler 2005, S. 26.

dem Beruf nicht zufrieden bin und darunter leide, dass ich nur mit wenigen Menschen über mir wichtige Themen sprechen kann, ist das Leben sicher nicht einfach. Dennoch gibt es einen Grund, dass ich dort bin, wo ich bin, und das tue, was ich tue. Aber das muss nicht so bleiben.
Wenn ich zurückblicke, stelle ich fest, dass sich meine Probleme immer dann verschlimmert haben, wenn ich besonders intensiv versucht habe, meine Lebensaufgabe herauszufinden oder mich gegen meine Alltagsrealität gewehrt habe.

Das Thema Lebensaufgabe ist keine Suche, sondern in letzter Konsequenz gelebtes Vertrauen in die Zusammenarbeit mit Gott und das Wissen, stets am richtigen Platz das Richtige zu tun.

> Oft habe ich mich in meinem Leben gefragt, warum ich ausgerechnet jetzt diese berufliche Tätigkeit ausüben »muss«. Der Traum meines Lebens war und ist es, erfolgreiche Bücher zu schreiben. Ich habe lange gedacht, dass meine Aufgaben nur Blockaden sind, die mich auf diesem Weg aufhalten oder behindern – und ich habe versucht, mich dagegen aufzulehnen. Rückblickend kann ich sagen, dass alle meine Tätigkeiten in meinem Leben Sinn gemacht haben und ich immer, wirklich immer, am richtigen Platz war.
> Das göttliche Bewusstsein lässt keine »Energieverschwendung« zu. Daher haben alle meine privaten und beruflichen Stationen mehrere Funktionen erfüllt: Service zum Wohl der Menschen und der Institutionen, für die ich gearbeitet habe, sowie Lernchancen zur persönliche Entwicklung und Wissen mit neuen Erfahrungen. Voraussetzung dafür, diese Funktionen für mein persönliches spirituelles Wachstum einsetzen zu können, ist die Akzeptanz der gegenwärtigen Situation – und mag sie noch so weit von meinem Ziel entfernt sein. Solange ich versucht habe, in die gewünschte Richtung zu kommen, habe ich mich

immer weiter davon entfernt. Die Arbeit wurde schwieriger, weniger erfolgreich, schlechter bezahlt, und ich wurde immer frustrierter. Erst als ich eine Situation, die mir meilenweit von meinem Ziel entfernt erschien, bedingungslos akzeptierte, begann ich, mich mit erstaunlicher Geschwindigkeit in die Richtung meiner Vision zu bewegen. Der Schlüssel zur Veränderung lag für mich darin, das, was ich früher »Hindernisse« genannt habe, als »Haltepunkte mit Lernpotenzial« zu sehen. Gelebtes Vertrauen bedeutet, dass ich zunächst nicht wissen kann, was das Lernpotenzial für die Verwirklichung meiner Vision ist, sondern dass ich die Situation akzeptiere. Der Nutzen einer Lernsituation offenbart sich meist erst, wenn die Lektion gelernt ist. Dieser Gedanke hat mich unglaublich motiviert und mir am meisten dabei geholfen, Schritt für Schritt meinem Ziel näherzukommen.

Eine Möglichkeit, wie wir aus der Patt-Situation zwischen Suche nach der Lebensaufgabe und Akzeptanz der Situation herauskommen und die Postkarte an Gott schreiben können, wird am Ende dieses Kapitels bei den Aktionsschritten erläutert. Doch zunächst möchte ich noch einige Aspekte zur Bedeutung der Gedanken beschreiben.

Der Käfig der Gedanken

An einem herrlichen Sommernachmittag saß ich mit meinem Freund Michael im Schatten auf einem Baumstamm. Wir genossen es, uns über Ideen und Gedanken aus der Welt der Spiritualität, oft ohne ein spezielles Thema, auszutauschen. Das Erstaunliche dabei war, dass dadurch sehr intensive Gespräche entstanden. Vermutlich, weil wir in diesen Momenten nichts erwarteten und bereit waren, die Gedanken durch uns fließen zu lassen.

Plötzlich entstand eine Pause in unserem Gespräch und wir schwiegen eine Zeit lang. Nach einigen Minuten hörte ich Michael sagen: »Ja, der Mensch ... ein grenzenloses Wesen in einem Käfig aus Gedanken.« Dann war wieder Stille, und ich war sprachlos.

Besser kann man den Themenbereich über die Kraft der Gedanken, Dualität und Kontrolle des Ego nicht beschreiben und in einem Satz zusammenfassen. Der Mensch ist in seinen Potenzialen grenzenlos. Wir haben alle Möglichkeiten, wenn wir uns auf unseren göttlichen Ursprung besinnen und mit unerschütterlichem Vertrauen unser Leben manifestieren.

Warum also geht der Mensch freiwillig in den Käfig der Gedanken? Es wäre einfacher, wir benutzten unser göttliches höchstes Potenzial und erschüfen eine Welt mit Liebe und Frieden. Wir haben uns jedoch entschieden, auf dieser Erde an der Dualität teilzunehmen. Diese setzt aber Gegensätze voraus, sonst funktioniert sie nicht. Damit wir also in unserer Aufgabe erfolgreich sein können, müssen wir zunächst den Käfig akzeptieren, weil er den Gegenpol zu unseren unbegrenzten Möglichkeiten darstellt. Dann beginnt die Arbeit jedes Einzelnen, damit die Entwicklung möglich wird.

Schritt für Schritt beginne ich, mich wieder daran zu erinnern, dass ich ein göttliches Wesen bin, und die Türe des Käfigs öffnet sich. Ich bin erstaunt und wage es nicht zu glauben, dass ich dies erschaffen habe, und bleibe in meinem Käfig mit offener Türe sitzen. Eines Tages sehe ich, wie andere Menschen ihre Käfige verlassen und sich entfernen. Skeptisch denke ich, dass es besser ist, erst einmal abzuwarten, ob das gut geht. Tatsächlich kommt nach einiger Zeit der eine oder die andere zurück, geht wieder in den Käfig, und bei manchen geht die Türe sogar wieder zu. »Prima«, denke ich mir, »da lobe ich mir doch meinen Käfig mit offener Türe, da habe ich wenigstens theoretisch die Möglichkeit hinauszugehen.«

Schließlich werde ich im Laufe der Zeit nachdenklich, weil zwar immer wieder einmal Menschen in ihre Käfige zurückkehren, jedoch immer mehr Käfige leer bleiben. Ich werde misstrauisch, denn schließlich will ich ja nichts versäumen. Also taste ich mich vorsichtig an meine Käfigtüre heran, trete hinaus, bleibe aber vorsichtshalber einmal vor der offenen Käfigtüre sitzen. Schließlich weiß man ja nie, wie die Luft da draußen ist. Doch das Leben außerhalb des Käfigs ist sehr angenehm, und ich verfüge plötzlich über Möglichkeiten, die ich mir immer gewünscht habe. Es geschehen sogar Dinge, die ich als Zufälle und Wunder bezeichne, weil diese jahrzehntelang im Käfig nicht passiert sind. Ich gewöhne mich an die neue Energie und beginne, mit ihr zu arbeiten. Doch plötzlich bemerke ich, dass nicht nur Wunder geschehen, sondern auch negative Dinge in mein Leben kommen, die mir im Käfig nicht zugestoßen sind. Vorsichtshalber begebe ich mich auf den Rückzug.

Doch jetzt geschieht etwas Merkwürdiges: Wer einmal aus dem Käfig herausgekommen und mit der neuen Energie in Verbindung getreten ist, wird diese letztlich immer wieder suchen. Noch ist die Türe offen, und nun kommt der Moment, in dem Entwicklung geschieht. Der Druck ist hoch, ich bin mit meinem Käfigleben nicht mehr zufrieden, jedoch beherrscht mich große Angst und Ungewissheit darüber, wie das Leben draußen sein wird. Das Leben außerhalb des Käfigs ist um ein Vielfaches interessanter. Es gibt mehr Möglichkeiten, weil sich die Gedanken und Emotionen viel schneller manifestieren. Dadurch entsteht eine besondere Verantwortung für die eigenen Gedanken und für die Auseinandersetzung mit den persönlichen Schattenseiten. Wenn wir den Käfig verlassen haben, gibt es keine Ausreden mehr. Das ist wirklich eine besondere Herausforderung.

Jetzt ist der Moment gekommen, für den die Dualität geschaffen wurde. Bleibe ich im Käfig oder verlasse ich ihn endgültig? Ich kann die Türe wieder schließen und sagen, dass noch nicht der richtige Zeitpunkt gekommen ist,

oder ich springe mutig aus dem Käfig heraus. Das ist der Punkt der Entscheidung, nach dem ich nicht mehr zurückkann.
Es gibt keine Entschuldigungen mehr. Mein Käfig bleibt leer, und ich werde nicht mehr zurückkommen können und letztlich auch nicht wollen. Diese Freiheit bedeutet aber nicht, dass in meinem Leben jetzt Milch und Honig im Überfluss vorhanden sind. Im Gegenteil, es kann sogar sein, dass ich mehr Schwierigkeiten habe als jemals zuvor, weil sich jetzt nach vielen Jahren auch mein Ego in Freiheit wähnt und diese genießen will. Mit anderen Worten: Es geht erst richtig los.

Schritt für Schritt lerne ich, mit der Fähigkeit umzugehen, mich mit der Kraft meiner Gedanken und Emotionen direkt beim universellen Kraftwerk Gottes einzuloggen. Woher weiß ich aber, ob ich wirklich aus dem Käfig herausgetreten bin und ihn hinter mir gelassen habe?

**Es war meine Intention,
die diesen Prozess angestoßen hat.**

Dies kann eine bewusste, freiwillige Entscheidung gewesen sein oder ein Entschluss, den ich durch den Druck der Lebenssituation gefasst habe. Ist die Dualität nun aufgehoben? Nein, das wäre zu einfach.

Die Dualität manifestiert sich auch weiterhin in meiner Entscheidung, die ich durch meine Gedanken und Emotionen erschaffe. Eine große Gefahr, in die ich mich außerhalb des Käfigs begeben kann, ist die, Menschen zu beurteilen, die sich entschieden haben, in ihren Käfigen zu bleiben, oder die gerade dabei sind, diese zu verlassen. Es gibt nicht »weiter entwickelt« oder »noch nicht so weit«, nicht »höher schwingend« oder »spirituell fortgeschritten«. Es besteht immer nur die für jeden Menschen aktuell persönlich richtige Situation und Herausforderung. Es sollte auch keine Die-anderen-haben-es-leichter-als-ich-Bewertungen geben. Jeder Mensch hat die gerade für ihn anstehenden Aufgaben zu lösen.

Damit wir uns in der Dualität sinnvoll entwickeln können, hat jeder von uns für seine Reise auf dieser Erde einen Vertrag abgeschlossen. Dieser beinhaltet die Herausforderungen, Aufgaben und Prüfungen, denen wir uns stellen wollen, sowie die Personen, die uns dabei helfen.
Bitte bedenken Sie, dass wir kaum unseren eigenen Vertrag kennen, wie sollen wir dann über den Vertrag anderer urteilen können, bloß weil er oder sie nicht unseren Vorstellungen entspricht. Jeder von uns kommt immer wieder in seinem Leben an den Punkt, andere Menschen zu bewerten oder zu beurteilen.

**Bitte erinnern Sie sich daran,
dass Sie den Vertrag der Person nicht kennen.**

Senden Sie stattdessen diesem Menschen das Beste, was Sie können: Liebe, Licht, Energie, Engel, Gottes Hilfe, sodass sie ihren eigenen Vertrag erfüllen können.

Alle Menschen in unserem Leben sind Protagonisten, die uns dabei helfen, unseren Vertrag zu erfüllen und unsere Potenziale zu nutzen. Da gibt es Hauptrollen, Nebenrollen, Statisten, Böse und Gute. Mit unserem freien Willen laden wir auch noch Menschen aus dem Publikum zum Mitspielen ein. Versuchen Sie daher, die Menschen in Ihrem Leben als Helfer zu sehen, die Sie darin unterstützen, Ihre Aufgaben zu erkennen und zu lösen.

Ich bin mir bewusst, dass dies für jeden von uns eine große Herausforderung ist, und auch ich stoße immer wieder an meine Grenzen, ringe mit meinem Ego. Jedoch habe ich die Erfahrung gemacht, dass es mir besser geht, sobald ich die Dualität dahinter verstehe, sie anerkenne und mich immer wieder daran erinnere.

Die Fähigkeit, das Prinzip der Dualität zu erkennen und den Käfig der Gedanken zu verlassen, hat mein Leben grundlegend verändert. Dadurch kann ich in mir selbst Lösungen für Schwierigkeiten in meinem Leben finden und meine göttlichen Eigenschaften nutzen.

Meinem Freund Michael habe ich begeistert berichtet, dass mich unser Gespräch für ein Kapitel in meinem Buch inspiriert hat. Monate später erzählte er mir von einem Gedicht, das er über den Menschen auf dem Weg zur Freiheit geschrieben hat. Er wollte es mir schicken.
Einige Wochen gingen ins Land. Dann bekam von ihm eine E-Mail mit dem Gedicht und der Erlaubnis, es in meinem Buch zu veröffentlichen. Dankbar und gerne nahm ich dieses Angebot von meinem Freund aus vielen vergangenen Zeiten an.
So schließt sich in diesem Kapitel der Kreis, der einst mit unserem Gespräch an einem sonnigen Nachmittag begann.

Existenz

Die Vergangenheit ruht und ist längst Geschicht'.
Sie ist geschehen mit ihrem geheimen Sinn.
Es ist das Jetzt unsres Lebens, unsre große Pflicht,
es ist das Jetzt, das die Zukunft formt, mit neuem Beginn.

Zu einer leichten Zeit, da waren wir frei und ohne Sorgen.
Zu einer schweren kannten wir unsere Grenzen nicht.
Doch was die Zukunft bringt, liegt tief in uns verborgen,
und nur wir selbst sind es, an dem unsre Hoffnung zerbricht.

Der Mensch ist ein Engel in einem Käfig aus Geist.
Seine Gedanken sind aus des Schöpfers Gesetz.
Und nur die Liebe ist's, die den Weg uns weist
heraus aus unserem eigenen verdrehten Netz.

An einem mächtigen Tag, den nur wir selbst bestimmen,
wird unser Licht erstrahlen in vollem Glanz.
Dann ist's endlich so weit, dass Engel beginnen,
ihr eignes Sein zu feiern in freudigem Tanz.

Michael Gauss, 2010

Vielen Dank an meine Freunde aus dem Engelreich
für diese wunderschöne Inspiration.

Aktionsschritte »Dualität«

Busfahrt mit dem Ego

- Akzeptieren Sie Ihr Ego als Partner. Seien Sie dankbar für die Lernchancen und Wachstumsmöglichkeiten, die es Ihnen bietet.

- Sagen Sie Ihrem Ego, dass Sie der Chef sind. Sprechen Sie dies aus. Das mag merkwürdig klingen, aber dadurch haben Sie den ersten Schritt getan, um die Kontrolle zurückzuerhalten.

- Stoppen Sie wiederkehrende negative Gedankenschleifen. Besonders tückisch sind negative Selbstgespräche. Wenn Sie bemerken, dass Sie in diesen Zustand kommen, summen, singen oder pfeifen Sie. Das stoppt den Gedankenfluss.

- Meiden Sie Gesprächsrunden über Probleme. Oft führen wir mit Familienmitgliedern, Freunden oder Kollegen die immer gleichen Gespräche über immer gleiche Probleme. Machen Sie stattdessen einfach etwas anderes, oder wählen Sie andere Gesprächspartner.

- Überprüfen Sie, welche Informationen Sie durch Fernsehen, Radio, Bücher oder das Internet aufnehmen. Betrachten Sie diese wie Ihre tägliche Nahrung, und konsumieren Sie nur, was Ihnen schmeckt und bekömmlich ist.

- Halten Sie sich möglichst täglich in der Natur auf. Machen Sie unabhängig von Witterung und Jahreszeit einen Spaziergang. Setzen Sie sich in einen Park, oder gehen Sie im See schwimmen. Die Natur ist die stärkste energetische Reinigungskraft, die wir haben.

1. Säule

- Achten Sie auf gesunde, biologische Ernährung. Weißer Zucker ist der beste Freund des Ego. Je mehr wir davon zu uns nehmen, umso schwieriger wird es, die Kontrolle aufrechtzuerhalten. Das heißt nicht, dass wir nie Schokolade oder Kuchen essen dürfen. Die Frage ist, wer die Kontrolle über den Konsum hat, und da ist das Ego in vielen Fällen sehr erfahren und trickreich und täuscht uns.

- Reinigen Sie regelmäßig Ihre Chakren und Ihre Aura, am besten mehrmals täglich. Es gibt dazu eine Vielzahl von CDs. Hören Sie diese mindestens einmal täglich, am besten abends. Dabei ist es unerheblich, ob Sie einschlafen. Für Ihren Lebensraum gibt es Reinigungssprays. Damit können Sie sich selbst und auch Ihren Arbeitsplatz und Ihre Wohnung reinigen. Saubere Chakren und eine stabile Aura sind eine wichtige Voraussetzung für Ihr emotionales Gleichgewicht.

- Ebenso wie wir uns auf der körperlichen Ebene zum Schutz gegen Kälte und Umwelteinflüsse anziehen, müssen wir uns auf der energetischen Ebene schützen. Hier laufen wir manchmal wirklich nackt herum und können leicht aus dem Gleichgewicht gebracht werden. Umhüllen Sie sich mit Licht. Stellen Sie sich wie auf einer Theaterbühne unter einen Schweinwerferkegel. Visualisieren Sie oder senden Sie die Absicht aus, dass Sie dieses Licht vollständig einhüllt. Erneuern Sie diesen Schutz im Laufe des Tages und unbedingt vor dem Einschlafen. Grundsätzlich können Sie für Ihr Licht zum Schutz jede Farbe wählen, die für Sie eine positive Energie besitzt. Empfehlenswert sind die Farben Gold, Silber, Blau, Grün und Pink.

- Manche dieser Punkte werden Ihnen immer wieder begegnen. Seien Sie geduldig, denn dies ist wirklich die Basisarbeit. Auch kann es sein, dass Sie denken, Sie wüssten das alles bereits. Überprüfen Sie, welche und wie viele dieser Punkte Sie regelmäßig in Ihr Leben integrieren. Dies ist keine Belehrung, sondern ein Hinweis auf eine der geschicktesten Täuschungen, die unser Ego zu bieten hat.

▸ Und zu guter Letzt: Seien Sie nachsichtig mit sich selbst. Das Ego muss stark und aktiv sein, sonst erfüllt es seine Aufgaben nicht. Jeder Mensch hat Phasen im Leben, in denen das Ego die Kontrolle übernimmt. Bringen Sie die Dinge wieder ins Lot, vielleicht ist eine Entschuldigung notwendig. Lassen Sie jedoch nicht zu, dass Sie sich darüber ärgern, dass Ihr Ego Sie überrumpelt hat, sonst sitzt es schon wieder am Steuer.

Die Postkarte an Gott für meine Lebensaufgabe

▸ Sehen Sie in Ihrem gegenwärtigen Leben das Positive. Machen Sie sich jeden Morgen und jeden Abend Gedanken, was Sie an diesem Tag bewirkt haben. Das ist nicht ganz einfach, bitte versuchen Sie es, mit der Zeit wird es immer besser funktionieren.

▸ Seien Sie dankbar für alles, was Sie in Ihrem Leben haben, und für alles, was Sie sind. Wie auch immer Ihr Leben zu sein scheint, es gibt immer Situationen, die schlimmer sind. Solange Sie in der Opferhaltung bleiben, sind Sie passiv und können nichts gestalten. Beginnen und beenden Sie den Tag mit Dankbarkeit, und finden Sie möglichst viele Aspekte, für die Sie in Ihrem Leben dankbar sind, unabhängig davon, wie Sie Ihr Leben gerade empfinden.

▸ Machen Sie sich immer wieder bewusst, dass Ihre Lebensaufgabe keine weltverändernde Vision sein muss, sondern die Aufgabe ist, die Sie gerade im Leben haben. Arbeiten Sie an den Themen, die Sie blockieren. Kontrollieren Sie Ihr Ego, und vertrauen Sie darauf, dass Sie heute, in der Gegenwart, am richtigen Ort sind.

Für diesen Schritt sind Sie bereit, wenn sich Ihnen die Frage nach der Lebensaufgabe nicht mehr stellt. Jetzt kann die Lebensaufgabe zu Ihnen kommen:

- Gestalten Sie eine persönliche Postkarte, nur ein Exemplar und nur für Sie persönlich. Sie können diese am Computer erstellen, mit der Hand schreiben oder malen. Berücksichtigen Sie bitte, dass Sie Platz für Text und Adresse benötigen. Achten Sie darauf, dass *Sie* die Kontrolle über den Gestaltungsprozess haben und nicht Ihr Ego.

- Adressieren Sie die Postkarte an Ihre persönliche höchste spirituelle Instanz, der Sie bedingungslos vertrauen, wie zum Beispiel Gott, Erzengel Michael, Buddha, Spirit.

- Schreiben Sie auf den für den Text vorgesehenen Platz: »Ich bin bereit. Gott (oder setzen Sie hier den Namen Ihrer persönlichen höchsten spirituellen Instanz ein), lass mich wissen, wie ich zum höchsten Wohl meinen Service leisten kann. Danke.« Dann unterschreiben Sie. Natürlich können Sie den Text auch variieren, nur achten Sie darauf, dass er eine Ego-freie Intention enthält.

- Legen Sie die Postkarte an einen für Sie besonderen Ort in Ihrer Wohnung, an dem sie geschützt, aber auch sichtbar ist, zum Beispiel auf den Nachttisch, einen Altar oder ein Vision Board.

- Bedanken Sie sich von nun an morgens gleich nach dem Aufstehen und abends vor dem Einschlafen dafür, dass Sie Ihre Lebensaufgabe gefunden haben. Machen Sie sich das Gefühl der Zufriedenheit bewusst, und genießen Sie Ihr Leben.

- Wenn Sie merken, dass Ihre Emotionen den Zustand der Zufriedenheit verlassen, erobert Ihr Ego das Steuer zurück. Das ist nicht weiter schlimm. Übernehmen Sie wieder die Kontrolle, und Ihre Zufriedenheit wird zurückkehren. Sollte dies nicht der Fall sein, wiederholen Sie diese Übungen noch einmal, und sagen Sie Ihrem Ego, dass Sie jetzt die Kontrolle behalten.

- Nur in seltenen Fällen erhalten Sie klare Aufträge, meist sind es Hinweise für die nächsten Schritte. Sie werden viele Puzzleteile bekommen, die Sie zusammensetzen müssen. Vielleicht werden Sie das Bild nicht erkennen können, aber solange Sie vertrauen, dem Service-Gedanken folgen und dankbar für Ihre Fortschritte sind, gehen Sie immer in die richtige Richtung.

- Vier »goldene Tipps« für die Dualität: Lassen Sie los. Kontrollieren Sie Ihr Ego. Achten Sie auf die Zeichen. Haben Sie Geduld.

Affirmationen

Ich bin frei.

Ich übernehme die Verantwortung
                        für mein Leben.

Ich habe das Recht und die Möglichkeiten,
                alles, was ich möchte, zu verändern.

Ich bin bereit für positive Veränderungen
                        in meinem Leben.

2. Säule

Bewusstsein

> »Die Erinnerung ist das einzige Paradies,
> woraus wir nicht vertrieben werden können.«
> Jean Paul

Zu Beginn der 1980er-Jahre untersuchte der amerikanische Neurophysiologe Benjamin Libet ein Phänomen, das zwei deutsche Forscher bereits fünfzig Jahre zuvor erstmals dokumentiert hatten. Bei Versuchen wurde festgestellt, dass der Mensch, wenn er eine Handlung ausführt, zuvor eine Reaktion im Gehirn zeigt, die er aber nicht bewusst wahrnehmen kann. Bevor der Mensch sich zum Beispiel entschließt, eine Hand zu bewegen oder einen Finger zu krümmen, entsteht ein Bereitschaftspotenzial. Dieses Bereitschaftspotenzial setzt zwischen einer halben Sekunde und einer Sekunde vor der eigentlichen Handlung ein. Für uns Menschen ist eine Sekunde ein Wimpernschlag oder der Tick des Sekundenzeigers auf der Uhr. Doch wissenschaftlich betrachtet ist das eine verhältnismäßig lange Zeit. Im Sport erfolgt die Zeitmessung in Zehntel- und Hundertstelsekunden. Dies verdeutlicht, dass eine Sekunde eine lange Zeit sein kann.

2. Säule

Vor jeder Handlung findet also bereits etwas statt, was außerhalb unserer Kontrolle liegt. Denn dieses hängt, um beim Beispiel zu bleiben, nicht mit der Entscheidung zusammen, eine Bewegung auszuführen. Daraus ergibt sich, dass im Zeitraum von einer halben bis einer ganzen Sekunde vor jeder Handlung, Entscheidung oder jedem Gedanken im Körper des Menschen bereits ein Ereignis passiert, das wissenschaftlich gemessen werden kann.

Durch diese Untersuchungen wurde das Konzept des freien Willens infrage gestellt. Dies führte in Wissenschaft und Philosophie zu einer bis heute anhaltenden Diskussion, ob uns das Aktionspotenzial begrenzt oder wir dennoch einen freien Willen haben. Die daraus resultierende Frage ist, wer oder was das Aktionspotenzial auslöst.

Eine mögliche Antwort ist:
das Unterbewusstsein.

Das Unterbewusstsein ist die vollständige Chronik unseres Seins. Hier sind alle Erfahrungen und Erinnerungen gespeichert und warten darauf, aktiv werden zu können. Dies bedeutet, dass Erinnerungen, die in unserem Unterbewusstsein liegen, ein Aktionspotenzial für eine Handlung auslösen, die wir nicht willentlich beeinflussen können. Vermutlich hat jeder von uns schon erlebt, dass ein vielleicht banal erscheinendes Erlebnis etwas in uns ausgelöst hat, was wir weder wollten noch in diesem Moment kontrollieren konnten. Umgangssprachlich sagt man, dass »eine Sicherung durchgebrannt ist«, ein »Red Button« gedrückt wurde, oder man nennt es »Übersprungshandlung«.

Das Unterbewusstsein ist ein immenser Datenspeicher, der alle Emotionen und Erfahrungen unseres Lebens beinhaltet. Es ist die Arbeitsgrundlage für unser Ego. Hier wählt es bestimmte Erfahrungen und Emotionen aus und schickt diese dann in unser Bewusstsein, weil es damit bestimmte Handlungen herbeiführen möchte.

Im vorangegangenen Kapitel habe ich beschrieben, dass das Ego unser Partner ist und wir uns mit ihm als wichtigem Teil unseres Selbst auseinandersetzen müssen. Zu diesem Zeitpunkt war noch die Frage offen, wie das Ego uns dazu bringen kann, auf der physischen Ebene in Schwierigkeiten zu geraten, damit wir daraus lernen können. Die Antwort darauf lautet, dass sich unser Ego an den unbearbeiteten Informationen und Emotionen in unserem Unterbewusstsein bedient.

Solange ich beispielsweise die Angst vor Prüfungen nicht bearbeitet habe, werde ich große Schwierigkeiten mit Prüfungen haben und manche auch nicht bestehen. Wenn in meinem Unterbewusstsein verankert ist, dass ich eines Tages ein Geschäft in New York besitzen werde, wird das ebenso passieren. Auf diese Weise kooperiert das Gesetz der Anziehung, das besagt, dass ich immer das bekomme, was ich erwarte, mit unserem Unterbewusstsein und manifestiert sich in der physischen Welt, im Positiven wie im Negativen.

Die Versuche von Libet, seine Rückschlüsse und die sehr interessante und kontroverse Diskussion über die Frage des freien Willens sind in dem Buch von Tør Norretranders, »Spüre die Welt«, ausführlich beschrieben.[2] Aus spiritueller Sicht ist das spannende Ergebnis dieser Forschung, dass nun sozusagen die »Arbeitsplatzbeschreibung« unseres Ego bekannt ist.
Haben wir nun einen freien Willen?
Für mich ergeben sich dazu folgende Antworten:

- Es war unsere freie Entscheidung, auf diese Erde zu kommen und an der Dualität teilzunehmen.

---

[2] Vgl.: Tør Norretranders: Spüre die Welt. Die Wissenschaft des Bewusstseins. Rowohlt Verlag 1997.

2. Säule

- Damit die Dualität funktionieren kann, muss es ein Ego und ein höheres Selbst geben.

- Damit wir durch die Dualität wachsen können, müssen wir lernen, zwischen Ego und höherem Selbst zu unterscheiden.

- Freier Wille bedeutet, sich für die Zusammenarbeit entweder mit dem Ego oder mit dem höheren Selbst zu entscheiden.

- Das Unterbewusstsein kann programmiert werden, und es können bestimmte Informationen gelöscht und hinzugefügt werden. Das bedeutet für uns, dass wir entscheiden können, was wir mit den Erinnerungen, die in unserem Unterbewusstsein lagern, machen möchten: behalten, bearbeiten, auflösen oder neu programmieren.

- Es ist unsere freie Entscheidung, wie wir mit Handlungen und Konsequenzen umgehen, die durch die Aktivität des Ego in unserem Unterbewusstsein erzeugt werden.

Ob und welche dieser Antworten Sie als richtig oder plausibel ansehen, ist Ihr freier Wille. Wenn Sie sagen: »Interessant, ich werde darüber nachdenken und versuchen, das Richtige für mich zu finden«, hat Ihr höheres Selbst geantwortet. Wenn Sie kritisieren, beurteilen und emotional reagieren, freut sich Ihr Ego über einen Punkt im Spiel mit Ihnen.

Was ist die Konsequenz daraus für unsere persönliche Entwicklung?
Unsere Aufgabe ist es, mit den Erinnerungen in unserem Unterbewusstsein zu arbeiten, negative Muster zu erkennen und aufzulösen. Das sind sozusagen die präventiven Tätigkeiten. Die akuten Maßnahmen, mit den Wirkungen unserer Handlungen umzugehen, die durch das Unterbewusstsein ausgelöst worden sind, umfassen Emotionen kontrollieren, klärende Gespräche, Ent-

schuldigungen und schließlich auch hier die Bearbeitung und Auflösung der entsprechenden Erinnerungen.

Das professionelle und bewusste Arbeiten mit den Informationen und Emotionen, die in unserem Unterbewusstsein lagern, ist die Königsdisziplin der spirituellen Arbeit.

Es gibt zahlreiche Techniken und Möglichkeiten, die Themen in unserem Unterbewusstsein zu bearbeiten, und der erste Schritt ist, herauszufinden, welche die richtige ist. Meine persönliche Erfahrung ist, dass Methoden, die mit Elementen der Kinesiologie arbeiten, besonders wirksam sind, weil so die Übereinstimmung von Unterbewusstsein und Bewusstsein am einfachsten überprüft werden kann. Phasen, in denen wir mit unserem Unterbewusstsein arbeiten, sind meist sehr anstrengend, weil wir dann nochmals mit alten Ängsten oder Erfahrungen konfrontiert werden.

Der wichtige Prozess ist das Weitergehen auf dem inneren Weg: Wir stellen uns den Erinnerungen und Informationen, die in unserem Unterbewusstsein gespeichert sind. Wir sind bereit, diese mit Liebe und Klarheit zu akzeptieren, aufzulösen und durch Positives zu ersetzen.

> Am schnellsten wurde ich auf meiner Suche nach blockierenden Informationen in meinem Unterbewusstsein beim Thema Geld fündig. Als ich mich fragte, welche unausgesprochenen Glaubenssätze dazu in meinem Unterbewusstsein schlummerten, kam mir eine Kombination in den Sinn, die sich folgendermaßen beschreiben lässt: einerseits mit dem Motto von Bert Brecht: »Nimm das Geld von denen, die du bekämpfst, damit du sie weiter bekämpfen kannst«, und andererseits mit der sozialen Lebenseinstellung eines Robin Hoods.
> Zusammengefasst bedeutet dies also: Es ist sehr wohl gut, Geld zu haben, aber es muss sozial eingesetzt werden. Natürlich habe ich

niemals jemandem Geld gestohlen noch sonst in irgendeiner Weise unrechtmäßig erworben. Dies sind Bilder von im Unterbewusstsein liegenden Emotionen, die lange mein Verhältnis zu Geld bestimmten. Welche Wirkung hatte die Kombination? Sie bedeutete, dass ich nur bis zu einem gewissen Grad finanziell erfolgreich sein konnte, weil ich mich – metaphorisch gesehen – sonst hätte selbst berauben müssen, um mein Geld an die »Armen« verteilen zu können. Mein Unterbewusstsein hat also stets verhindert, dass ich eine bestimmte Schwelle übersprang, und es schützte mich quasi vor mir selbst. Zunächst begann ich, darüber nachzudenken, woher diese Informationen kamen und warum sie in meinem Unterbewusstsein lagerten. Allerdings stellte sich schnell heraus, dass dies zu keiner Veränderung führen würde, weil dann die Informationen immer noch aktiv blieben. Also machte ich mich daran, diese zu ersetzen. Der Schlüssel für die Veränderung lag in der Trennung von finanziellem Erfolg und sozialem Engagement. Beides ist voneinander unabhängig.

Ich musste die Information »Geld muss sozial eingesetzt werden« und die dazugehörigen Emotionen auflösen und ersetzen durch die Sätze »Ich bin finanziell erfolgreich« und »Ich bin sozial engagiert« – und dies ebenfalls mit den entsprechenden Emotionen verknüpfen. Dies zeigte mir, wie subtil die Feinheiten im Unterbewusstsein wirken und wie wichtig es ist, sich diese genau anzusehen. Diese Nuancen sind für das Ego wahre Wundertüten, mit denen es immer neue Blockaden kreiert. Wenn ich immer wieder über einen »bestimmten Punkt« nicht hinwegkomme, suche ich nach den entsprechenden Emotionen und Informationen, die eine Blockade bilden.

Da unser Unterbewusstsein mit Millionen von Erinnerungen gefüllt ist und täglich neue dazukommen, können wir es in unserem Leben nicht schaffen, diese vollständig zu bearbeiten. Das sollte auch nicht das Ziel sein. Unsere Aufgabe ist es, zu erkennen, wann das Ego uns herausfordert und wir uns mutig diesen Erinnerungen stellen sollen.

Wenn es uns gelingt, mit unseren Emotionen und Glaubenssätzen in Bezug auf unsere Projekte und Visionen kongruent zu sein, können wir erfolgreich sein. Wenn wir die tollste Idee haben, aber in unserem Unterbewusstsein Informationen wie zum Beispiel »Ich verdiene es nicht, erfolgreich zu sein« oder »Es ist unmoralisch, mit Spiritualität Geld zu verdienen« gespeichert sind, boykottieren wir unser Vorhaben.

Diese eine Sekunde, die das Aktionspotenzial auslöst, hat enorme Wirkung auf unser Leben.

Wenn Sie bei ähnlichen Themen immer wieder am gleichen Punkt nicht weiterkommen, beispielsweise mehrmals in der Probezeit gekündigt wurden oder eine Beziehung immer nach dem gleichen Muster verläuft und endet, ist die Wahrscheinlichkeit hoch, dass Ihr Ego Sie im Unterbewusstsein aktiv behindert. Deshalb ist die Übereinstimmung von Unterbewusstsein und Alltagsbewusstsein die zweite Säule unserer Brücke. Ohne diese Säule werden alle anderen Aktivitäten mehr oder weniger schnell an einem bestimmten Punkt scheitern.

2. Säule

Trojaner in der Seele

Ich bin mit klassischer Musik und Opern aufgewachsen und habe meine Vorliebe für beides bereits mit der Muttermilch aufgenommen. Die Opern von Verdi und Puccini begeistern mich ebenso wie die von Mozart und Wagner. Ich habe es geliebt, mit Rodolfo und Mimi in »La Bohème« oder Violetta und Alfredo in »La Traviata« tief in die Emotionen einzutauchen. Die Zeiten, die ich als Kind, Jugendlicher oder junger Erwachsener in Konzertsälen und Opernhäusern verbracht habe, sind bis heute eine besondere und schöne Phase meines Lebens. Ich bin meinen Eltern zutiefst dankbar dafür, dass sie mir diese Erfahrungen ermöglicht haben.

Ab Mitte zwanzig kam für mich eine Zeit, in der sich meine Interessen in andere Richtungen entwickelten. Bedingt durch Studium und Freunde widmete ich den größten Teil meiner Freizeit dem alpinen Bergsteigen und einige Jahre später dem argentinischen Tango. Dennoch blieb die klassische Musik ein wichtiger Bestandteil meiner Erinnerung, und ich ging gelegentlich in Konzerte, jedoch so gut wie nie in eine Oper.

Als ich begann, mich mit den Informationen zu beschäftigen, die in meinem Unterbewusstsein gespeichert sind und meine Handlungen beeinflussen, versuchte ich herauszufinden, welche dieser Erfahrungen und Erinnerungen ich wohl bearbeiten musste. Dabei habe ich nach Familienmustern, Beziehungen, Enttäuschungen und Misserfolgen gesucht, also nach den klassischen Hemmnissen für Selbstliebe. Was ich finden konnte, habe ich im Laufe der Zeit bearbeitet, und selbstverständlich geht diese Arbeit immer weiter.

In all den Jahren hat die Oper durch Plakate, Erzählungen, Radio oder CD-Geschenke immer wieder meinen Weg gekreuzt. Jedoch hatte ich nicht mehr den Impuls, die Musik zu hören, dachte aber auch nicht weiter darüber nach. Dann bekam ich zu Weihnachten einen fantastischen Live-Mitschnitt von Puccinis »La Bohème« geschenkt. Ich habe mich wirklich sehr darüber gefreut, weil mit dieser Aufführung viele positive Erinnerungen verbunden sind. Als ich endlich Zeit hatte, die CD zu hören, habe ich den ersten und zweiten Akt angehört und dann die CD weggelegt. Dies habe ich unbewusst getan, und als sie mir beim Aufräumen einige Monate später wieder in die Hände fiel, erinnerte ich mich daran, dass ich die Aufnahme noch nicht zu Ende gehört hatte, und ich fragte mich, woran das liegen könnte. Denn gerade der letzte Akt von »La Bohème« gehört musikalisch zu den emotionalsten und schönsten Stücken der italienischen Oper.

Einige Zeit später kam mir beim Meditieren eine Idee für die Antwort: Vorausschicken muss ich, dass nahezu alle Opern von Verdi und Puccini kein Happy End haben. Die Opern handeln immer von Liebe, Beziehung, Verlust und Tod. Die einzigen Opern, die »beziehungstechnisch« gut ausgehen, sind bei Puccini »Turandot« (aber auch hier nur für Kalaf) und bei Verdi »Falstaff«. Bei Wagner, meinem anderen Lieblingskomponisten, haben die Opern ab dem Frühwerk »Der fliegende Holländer« ebenfalls – bis auf die Ausnahme »Die Meistersinger von Nürnberg« – keinen guten Ausgang. Bei Wagner enden die Opern wenigstens spirituell gesehen positiv, denn es gibt am Ende immer Erlösung. Aber das hatte für mich damals noch keine vorrangige Bedeutung. Anders ist es bei Mozarts Opern. Hier liegt die Happy-End-Quote wesentlich höher. Ich liebe die Musik Mozarts sehr. Es ist die Musik, mit der die Engel uns die Liebe Gottes auf die Erde bringen. Als junger Mensch habe ich jedoch stets das Drama bevorzugt. Und hier liegt der Punkt.

Wenn ich mir die italienischen Opern ansehe, habe ich Folgendes über das Leben gelernt: Auf höchste Leidenschaft folgt ein dramatisches Ende. Insofern war es für mein Unterbewusstsein stets nur eine Frage der Zeit, wann ich beginnen musste, Dinge in meinem Leben zu beenden oder sozusagen das dazugehörige Drama zu inszenieren.

Mir wurde klar, dass in meinem Unterbewusstsein ein immenses Potenzial für Selbstsabotage lagerte.

2. Säule

Das Unterbewusstsein bezieht die Verknüpfung von Leidenschaft und dramatischem Ende natürlich auf alle Bereiche im Leben: Beziehungen, Beruf, Freundschaften, Visionen und Projekte.

Oft lassen sich Probleme ab dem Moment, in dem man sie erkennt, sich ihnen stellt und die Verantwortung dafür übernimmt, verhältnismäßig leicht auflösen.
Ich machte mich an die Arbeit, diese Erinnerungen in meinem Unterbewusstsein aufzulösen, was mir auch insbesondere dank des hawaiianischen Vergebungsrituals Ho'oponopono nach und nach gelang. Darüber war ich erstaunt, denn ich hatte vermutet, dass es schwieriger würde. Um herauszufinden, ob ich diese Themen wirklich gelöst hatte, startete ich einen Selbstversuch und kaufte mir spontan Karten für die Münchner Opernfestspiele. Nach zwei Aufführungen war ich überglücklich, denn ich konnte die Musik genießen und fühlte, dass dennoch etwas anders war.

> Seit ich dieses Thema bearbeitet habe, gehe ich wieder mit Begeisterung in die Oper und entdecke immer wieder die lange vor mir selbst verborgene Leidenschaft, dass ich ein »bekennender Opernfan« bin. Das ist die Wirkung in der äußeren Welt. Besonders interessant finde ich die Veränderungen in der inneren Welt. Die Emotionen, mit denen ich die Opernwelt mit ihren Freuden und Dramen wahrnehme, haben sich verändert. Es ist, als ob alles eine Schicht tiefer in mich eindringt, weil nun der Filter, der die Erfahrungen im Unterbewusstsein speichert, fehlt. Der Weg ist frei für eine neue Erlebensintensität.
> Ich erkenne bei Opern, die ich schon unzählige Male in meinem Leben gesehen habe, neue Inhalte, Bedeutungen und Ausrichtungen. Die Arbeit an diesen Blockaden hat mir ein neues Lebensgefühl und eine faszinierende Form von Lebensqualität ermöglicht. Es ist eine Art Rück-Erinnerung erfolgt, die mich emotional und spirituell wieder an

längst verschollen geglaubte Quellen anschließt. Meine Fantasie und meine Kreativität sind wieder erwacht und erfüllen mich mit neuen Möglichkeiten, Ideen und Visionen. Dies wirkt interessanterweise in alle Bereiche meines Lebens und führt zu mehr Klarheit und Freude. Die Engel lieben »kosmische Komik«, und es ist sicherlich wieder einer jener wundervoll arrangierten »Zufälle« im Leben, dass ich an diesem Kapitel gerade während eines freien Tages der Bayreuther Festspiele arbeite und mich auf die »Götterdämmerung« am folgenden Tag freue.

Später habe ich mich gefragt, warum ich darauf nicht früher aufmerksam geworden bin, zumal ich immer wieder die Absicht ausgesendet habe, die Themen zu finden, die ich klären muss. Der wesentliche Unterschied zu anderen gespeicherten Erfahrungen war, dass sie aus einer Zeit stammen, auf die ich positiv zurückblicke.

Ich bin sehr froh und dankbar für die unzähligen Abende, die ich vor allem in der Münchner Oper verbracht habe. Daher kam ich gar nicht auf die Idee, dass es sich hier um Erfahrungen handelt, die mich blockieren könnten, zumal die Erinnerung an Konzerte und Opern immer etwas war, was mir Kraft, positive Stimmung, Freude und Dankbarkeit vermittelt hat.

Während ich mich mit diesem Thema beschäftigte, arbeitete ich an einem Software-Projekt mit. Das brachte mich auf die Idee, dieses Phänomen »Seelen-Trojaner« zu nennen. Als die Griechen Troja belagerten und nicht einnehmen konnten, kam Odysseus auf die Idee, ein riesiges hölzernes Pferd zu bauen, im Inneren Soldaten zu verstecken und es als Geschenk darzubieten. Trotz Warnungen wurde das Geschenk angenommen. Die versteckten Soldaten öffneten in der Nacht die Stadttore, und Troja konnte erobert werden. Heute bezeichnet man mit dem Begriff »Trojaner« auch einen Computervirus, der die Firewall eines Computers oder Netzwerks überwindet, sich einschleicht, zu einem bestimmten Zeitpunkt aktiv wird und verheerende Folgen hat.

2. Säule

»Seelen-Trojaner« sind demnach Erinnerungen, die in unserem Bewusstsein lagern, uns begleiten, in der Regel sehr subtile, lang andauernde Wirkungen haben und uns bremsen. Wir bemerken sie nicht, weil sie mit positiven Erfahrungen in unserem Leben verknüpft sind, wir sie also nicht bewusst als störend empfinden. Das ist die Tarnung. Wir verbinden mit ihnen gute und positive Erinnerungen und achten deshalb wenig auf sie. Unsere negativen Erlebnisse sind dagegen viel präsenter.

Ich wollte diese Ideen überprüfen und erzählte einem Freund davon. Das Interessante war, dass er nicht lange nachdenken musste, bis ihm ein Beispiel aus seinem Leben einfiel. Er fragte sich, was eine besonders gute Zeit in seinem Leben war, und er kam auf seine Kindheit. Dann erkannte er, dass seine Kindheit auch mit Armut verbunden war. Bis zu diesem Tag hatte er daher gespeichert, dass Glück mit Armut verbunden sein müsste. Ich schlug ihm vor, die These vom »Seelen-Trojaner« zu überprüfen und das Thema aufzulösen, was ihm auch gelang. Auch er berichtete, dass es in Anbetracht der vermeintlichen Schwere des Themas verhältnismäßig einfach war, das Problem zu lösen.

»Seelen-Trojaner« sind meist sehr gut getarnt und schlummern in den positiven Erinnerungen unserer »emotionalen Festplatte«. Sie sind jedoch wegen der Verbindung zu positiven Zeiten im Leben leicht aufzulösen, sobald sie einmal enttarnt wurden.

**Das Potenzial der positiven Erfahrung hilft uns,
die »Seelen-Trojaner« zu beseitigen.**

Die Erkenntnis, dass man in positiven Zeiten der Vergangenheit nach möglichen Blockaden in der Gegenwart suchen soll, war für mich zunächst völlig widersprüchlich. Je mehr ich mich jedoch damit beschäftigte oder mit Freunden darüber sprach, umso mehr Bestätigung erhielt ich.

Das Löschen der »Seelen-Trojaner« ist ein relativ einfacher Prozess, der bei den Aktionsschritten zu diesem Kapitel beschrieben ist.

Das innere Kind

Die Arbeit mit dem inneren Kind ist für meinen Lebensweg von entscheidender Bedeutung. Das innere Kind ist der Repräsentant meiner Ängste, Zweifel, Sehnsüchte und gleichzeitig die Ausdrucksform meines Ego auf der Ebene des Unterbewussten.
Die Beschäftigung mit dem inneren Kind ist wie die Arbeit mit »echten Kindern«. Ich muss es lieben, ehren und als Teil in mir und von mir anerkennen und akzeptieren. Aber gleichzeitig muss ich es auch erziehen und ihm Grenzen aufzeigen. Der Unterschied zur tatsächlichen Kindererziehung ist der, dass Kinder irgendwann Jugendliche und Erwachsene werden und aus der Obhut, sprich Erziehung, freigegeben werden.

Es gibt zwei grundsätzliche Erkennungsmerkmale, die zeigen, wann die Arbeit mit dem inneren Kind aus dem Gleichgewicht geraten ist oder wir die Kontrolle verloren haben:

- Unser Leben entspricht in vielen Bereichen nicht dem, was wir uns wünschen, und wir beklagen verzweifelt unsere Situation. Opferhaltung ist ein sicheres Indiz dafür, dass unser inneres Kind die Kontrolle über unser Leben übernommen hat.

- Wir sind zwar grundsätzlich mit unserem Leben mehr oder weniger zufrieden, aber wir bekommen unsere Emotionen nicht in den Griff und geraten immer wieder in emotionale Ausnahmezustände wie Zorn oder Resignation. Entscheidend dabei ist weniger, wie oft dies passiert, sondern dass wir schnell aus dem Gleichgewicht gebracht werden. Umgangssprachlich sagt man: »Wir lassen uns aus der Bahn werfen«, »explodieren sofort« oder »sind nah am Wasser gebaut«.

Das innere Kind ist aber auch mein größter Förderer. Wenn ich mit meinem inneren Kind in Harmonie lebe, sind keine unerledigten Themen in meinem Unterbewusstsein aktiv. Jetzt kann es mir zu ungeahnten Fähigkeiten verhelfen. Ich werde getragen von einer Welle aus Optimismus, Zuversicht und bin überzeugt, dass ich mein Leben und meine Aufgaben erfolgreich erfüllen werde. Ja, es gibt gar keine Zweifel daran, dass es anders sein könnte.

Auch hier ist es wie im echten Leben. Kinder, die sorglos spielen, strahlen Zuversicht aus, freuen sich und sind vollständig im Jetzt.

Wenn mein inneres Kind zufrieden ist,
lebe ich in der Gegenwart, vertraue ich,
und meine Gedanken sind positiv.

Jetzt sind die Tore für erfolgreiche Manifestationen weit geöffnet.

Die andere Seite der Medaille ist die, dass ich durch mein inneres Kind auch komplett lahmgelegt werden kann. In diesen Phasen werde ich mit meinen Ängsten konfrontiert, meine Emotionen geraten aus dem Gleichgewicht und ich suche im Kontakt mit meiner Umwelt entweder Konfrontation oder Flucht. Auch hier hilft der Blick in die Welt der Kinder, um die Wirkungen zu verstehen. Ein ängstliches oder verschlossenes Kind verweigert durch Zorn und Trotz oder inneren Rückzug den Kontakt mit der Umwelt. Wer jemals mit einem trotzigen Kind zu tun hatte, weiß, wie schwierig der Zugang zu ihm sein kann.

Die Arbeit mit dem inneren Kind hat drei Aspekte, den langfristigen, den präventiven und den akuten:

Die Basis bildet dabei der *langfristige* Aspekt. Dies bedeutet zunächst, das innere Kind als Teil des eigenen Selbst anzunehmen und nicht als Blockade oder Problem. Ebenso wie mein Ego gehört das innere Kind zu mir, denn hier ist ein Teil meiner Wachstumsaufgaben und Herausforderungen, die ich für dieses Leben gewählt habe, verankert. Ich kann mich der Arbeit mit dem inneren Kind genauso wenig verweigern wie meinem Ego. Insofern sind Annahme und Akzeptanz bereits ein wichtiger Schritt zur Lösung. Die häufigsten Themen bei der Arbeit mit dem inneren Kind sind Selbstwert und Selbstliebe. Als Kinder gehen wir offen und unvoreingenommen auf Menschen zu. Im Laufe der Zeit lernen wir, dass dies nicht immer zu unserem Vorteil ist, verschließen diese Kanäle und beginnen, uns durch die Reaktion der Umwelt zu definieren.

Die *präventive* Arbeit mit dem inneren Kind beinhaltet die innere Ausgeglichenheit und den Umgang mit Emotionen. Diese Arbeit dient vor allem der emotionalen Stabilität und auch dem Erkennen, wo es Themen zu bearbeiten gibt. Wenn ich in Situationen komme, die mich wütend machen oder auf die ich ängstlich reagiere, bedeutet dies, dass mein inneres Kind unter Stress steht.

Nehmen wir auch hier wieder ein reales Beispiel: Ein Kind spielt, alles ist friedlich. Plötzlich passiert etwas Unerwartetes. Das Kind ist aus seiner Stimmung herausgerissen, reagiert panisch und sucht Schutz. Ebenso ist unsere Reaktion im Erwachsenenalter.

Es geht uns gut, wir sind zufrieden. Plötzlich geschieht ein Ereignis, das uns aus der Bahn wirft. Da wir meist nicht schreien können, damit jemand zu uns kommt, der uns tröstet und Schutz anbietet, müssen wir uns selbst helfen: durch Rückzug oder Angriff. Dabei ist völlig unerheblich, welches Ereignis die Reaktion ausgelöst hat, wichtig ist, welchen Teil meiner Seele und meines

2. Säule

Unterbewusstseins dieses Ereignis angesprochen hat und was dort zu klären ist. Diese Unterscheidung ist sehr wichtig.
Also nehme ich mir Zeit dafür, das Thema zu bearbeiten. In der Ruhe der Meditation frage ich mein inneres Kind, was passiert ist. Ich frage laut oder mental und lasse die Frage los. Je nachdem, wie meine spirituellen Kanäle entwickelt sind, werden Antworten zu mir kommen, während der Meditation, am nächsten Morgen, beim Duschen, auf der Autofahrt, im Traum oder durch eine Bemerkung oder ein Ereignis von außen. Wenn ich erkannt habe, was mein inneres Kind erschreckt und aus der Harmonie gebracht hat, mache ich mich an die Arbeit, dies aufzulösen.

Die *akute* Arbeit besteht darin, Möglichkeiten zu finden, schnell zu reagieren, sobald mein inneres Kind unter Stress geraten ist. Dazu ist es wichtig, dass ich meine herkömmlichen Verhaltensmuster kenne, die mir in der Situation helfen, meine Emotionen im Griff zu behalten. Mein inneres Kind ist neugierig und möchte wie alle Kinder viel lernen und Neues ausprobieren. Daher spreche ich auch hier wie bei der präventiven Arbeit mit meinem inneren Kind, frage, was los ist und was es jetzt braucht. Das klingt vielleicht etwas verrückt, ist es vielleicht sogar auch. – aber es hilft!

> Ich bin ein Mensch, dessen inneres Kind in akuten Situationen schnell mit Rückzug reagiert. Dies wirkt auf meine Umgebung, als ob ich beleidigt sei. Tatsächlich ist das meist nicht der Fall, aber mein inneres Kind zeigt dieses Verhalten, und meine Umwelt deutet dies so. Meine Kollegin Daniela hat dies mit einer Auster verglichen. Die Auster liegt friedlich im Wasser, und die Perle in der Auster, das innere Kind, genießt das Leben. Plötzlich passiert irgendetwas, manchmal etwas völlig Irrationales, und sofort schließt sich die Auster.
> Für meine Außenwelt sieht die Reaktion, wie gesagt, nach Verletzung und Rückzug aus, was auch stimmt, denn das innere Kind hat die Situation als gefährlich eingestuft und daher sofort die sichere Variante

gewählt. So weit, so gut, doch wie komme ich da wieder heraus? Als ich begonnen habe, mich in diesen Situationen mental mit meinem inneren Kind zu beratschlagen, sah die Reaktion nach außen immer noch gleich aus, aber innerlich veränderte sich meist sofort etwas. Interessanterweise war die häufigste Feststellung, dass es gar keinen Grund zur Panik gab, und die Auster öffnete sich wieder.
Durch die Kommunikation mit dem inneren Kind gelingt es mir, herauszufinden, was wirklich los ist, zumindest so weit, dass ich die aktuelle Situation verändern kann.

Auf jeden Fall haben Sie durch die Arbeit mit dem inneren Kind einen wichtigen Schritt gemacht: Sie sitzen wieder am Steuer. Weder das trotzige Kind noch das Ego haben die Kontrolle – und das ist die entscheidende Grundlage für eine Veränderung.
Möglichkeiten, mit dem inneren Kind zu arbeiten, finden Sie in den Aktionsschritten zu diesem Kapitel.

Quantenbewusstsein

Im Quantenbewusstsein verabschieden wir uns vom Ursache-Wirkung-Denken, das über Hunderte von Jahren unser Denken geprägt hat. Forschungen der Quantenphysik und die Beschreibung des morphogenetischen Feldes haben bewiesen, dass alle Menschen, Ereignisse, Gedanken und Emotionen miteinander verbunden sind. Wir verbinden Unterbewusstsein, Tagesbewusstsein und unser höheres Selbst miteinander und sind in der Gegenwart und in der Realität mit der Welt verankert. Gleichzeitig sind wir mit unserem göttlichen Bewusstsein verbunden, frei vom Einfluss unseres Ego.

In unserem Fühlen und Denken sind wir kongruent.

2. Säule

Wir können mit unserem Bewusstsein viel mehr bewirken, als wir glauben oder wissen. Unser Handeln und die Ereignisse, die in unserem Leben eintreten, haben stets einen Sinn, eine Bedeutung und ein Potenzial zur Verbesserung unseres Lebens – auch wenn wir dies manchmal noch nicht erkennen können.
Auf diese Weise steigern wir die Geschwindigkeit unseres Manifestationsprozesses. In diesem Bewusstsein wissen wir, dass es nicht mehr unsere Aufgabe ist, die Dinge zu erschaffen, sondern den Zustand herzustellen, damit die erwünschten Dinge in unser Leben kommen können. Dies ist der fundamentale Wechsel des Denkens in der heutigen Zeit. Das Ego treibt nicht mehr, sondern das höhere Selbst lässt zu.

Wenn alles miteinander verbunden ist, gibt es nur noch eine Zeit. Auch wenn wir in unserem alltäglichen Leben sozusagen aus organisatorischen Gründen in verschiedenen Zeitdimensionen denken müssen, damit wir wissen, wann Geschäfte geöffnet sind oder der Zug fährt. Das ist die Zeit der dreidimensionalen Welt, in der wir leben.
Die einzige Zeit, die es im Quantenbewusstsein gibt, ist die Gegenwart. Unsere Aufgabe besteht darin zu lernen, uns in der sogenannten 3-D-Welt zu bewegen und den Zustand des Quantenbewusstseins zu manifestieren.
Im Quantenbewusstsein befinden wir uns, wenn

- wir unsere Energie darauf verwenden, mit Gott verbunden zu sein und unsere Kanäle dafür freihalten und nutzen;

- die Intention unseres Handelns das höchste Wohl für Menschen, Tiere, Natur und Mutter Erde ist;

- wir wissen, dass alles in unserem Leben eine Bedeutung hat und einen Sinn ergibt;

- wir uns bewusst sind, dass die einzige tatsächliche Zeit die Gegenwart ist, in der wir uns das kreieren, was wir uns wünschen;

- wir wissen, dass alles, was sich in der 3-D-Welt manifestiert, von uns im Quantenbewusstsein erschaffen worden ist und auch verändert werden kann.

Zusammengefasst bedeutet dies, die Verantwortung dafür zu übernehmen, dass wir mit dem Feld der göttlichen Harmonie und Liebe verbunden sind, dass wir im Frieden mit unserem inneren Kind leben, das Ego kontrollieren, das Unterbewusstsein steuern, Blockaden auflösen und uns bewusst sind, dass wir Situationen in unserem Leben jederzeit verändern können. Dann findet die Manifestation statt, denn im Quantenbewusstsein sind keine Blockaden aktiv.

Ich wohne in einem sehr hellhörigen Mietshaus. Streit, Fernseher, Geburtstagsfeiern und insbesondere jede Form von Party dringen schon ab einer verhältnismäßig geringen Lautstärke mehr oder weniger durch das ganze Haus. Vor einigen Jahren zog bei meinem Nachbarn eine junge Frau als Mitbewohnerin ein. Wir beide hatten, höflich ausgedrückt, ein sehr unterschiedliches Verständnis von Musik und der dazugehörigen Lautstärke. Es dauerte nicht lange, und die wummernden Bässe waren bei mir in der Wohnung gegenüber zu hören und körperlich zu spüren, was eine relativ große Entfernung ist. Verhältnismäßig sauer, aber einigermaßen höflich klingelte ich und bat sie darum, die Musik leiser zu machen, was sie aus ihrer Sicht vermutlich auch tat. Aber für mich war es nach wie vor zu laut. Über kurz oder lang wurde die Situation schlimmer. Ich beschwerte mich immer wütender, und die Musik wurde immer lauter. Das Ganze eskalierte, als sie am 24. Dezember nachmittags wohl ihre persönliche Weihnachtsfeier hatte, die so laut war, dass mein Klingeln nicht mehr hörbar war und selbst heftiges Klopfen an der Türe keine Reaktion zeigte.

Damals begann ich gerade, mit Engeln zu arbeiten, und hatte noch keine Ahnung, dass ich eine Veränderung im Quantenbewusstsein manifestieren konnte. Ich hätte damals wahrscheinlich auch jeden aus meiner Wohnung rausgeworfen, der mir das gesagt hätte. Nun, die Engel sind da sehr geschickt, und außerdem kann man Engel nicht einfach aus der Wohnung schicken. Zwischen meiner Wut und meiner Frustration brachten die Engel mir bei, dass ich den erwünschten Zustand visualisieren und manifestieren sollte. Gut, das war noch verständlich. Dann wollten die Engel auch noch, dass ich dieser Nachbarin Liebe schickte, mich freute, dass sie hier im Haus wohnte, und mir vorstellte, dass sie sich wohlfühlte. Das war nun schon sehr extrem für einen emotionalen Menschen wie mich. Aber einerseits hatte ich schon einige Erfahrungen mit Engeln gesammelt, in denen sie das Unmögliche möglich gemacht hatten. Andererseits blieb mir letztlich keine andere Wahl. Mehr oder weniger zähneknirschend versuchte ich es also. Bei meiner täglichen Meditation machte ich, was die Engel verlangten, und wenn die Musik wieder zu laut war – und das war oft genug –, versuchte ich, so höflich wie möglich darum zu bitten, die Musik leiser zu stellen. Etwa zwei Wochen lang passierte gar nichts, aber die Engel ließen nicht locker. Ich musste weitermachen. Wieder einige Zeit später fiel mir auf, dass die Musik schon lange nicht mehr laut gewesen war. Ich begann, mich zu wundern, und freute mich. Immer wieder einmal war es zu laut, aber die Abstände wurden unregelmäßiger. Etwa ein halbes Jahr später zog die Frau aus.

Die Engel haben mich in den Zustand des Quantenbewusstseins geschickt, in dem Emotionen und Gedanken kongruent sind und wir ausschließlich aus Liebe zum höchsten Wohl aller handeln. Hätten die Engel mir damals davon erzählt, wäre ich skeptisch gewesen.

Das Schöne ist, dass es funktioniert, ohne dass man etwas vom Quantenbewusstsein wissen muss, geschweige denn davon überzeugt sein muss. Ich musste es einfach nur tun.

Alle unsere Gedanken und Gefühle speisen wir in das universelle Quantenbewusstsein ein und stellen sie damit allgemein zur Verfügung. Dies ist eine große Chance und gleichzeitig eine besondere Verantwortung.

Aktionsschritte »Bewusstsein«

▶ Beginnen Sie den Tag mit Körperübungen, wie zum Beispiel Yoga, Pilates, Chi Gong oder Feldenkrais. Zwanzig Minuten sind völlig ausreichend. Wichtig ist die Regelmäßigkeit und dass Sie damit Ihren Tag beginnen. Setzen Sie sich nicht unter Stress, denn es geht nicht um Leistung. Gerade wenn Sie Einsteiger sind und nicht regelmäßig an Kursen teilnehmen können oder möchten, dann gönnen Sie sich eine oder zwei Einzelstunden und lassen sich ein entsprechendes Kurzprogramm zusammenstellen.

▶ Betreiben Sie regelmäßig mindestens zweimal pro Woche Sport. Auch hier geht es nicht um den Leistungsgedanken, sondern um körperliche Fitness, denn ein trainierter Körper hat eine wesentlich stabilere Aura. Wählen Sie unbedingt eine Aktivität aus, die zu Ihnen passt und die Sie gerne ausführen, denn nur so ist die Motivation für die Regelmäßigkeit gewährleistet. Jeden Morgen mit einem Hund eine halbe Stunde spazieren gehen ist ebenso gesund wie Joggen, ein Besuch im Fitnesscenter oder Walken.

- Meditieren Sie! Suchen Sie sich einen Platz, an dem Sie mindestens einmal am Tag allein und ungestört sind. Es gibt viele Formen der Meditation. Experimentieren Sie! Lassen Sie sich beim Erlernen und bei der Auswahl einer Meditationstechnik unterstützen. Schließen Sie die Meditation an die Körperübungen an, dann ist Meditation in der Regel leichter, weil der Geist schon zentriert ist. *Regelmäßige Meditation ist die wichtigste Voraussetzung für die effektive Kontrolle der Gedanken.*

- Beginnen Sie Ihren Tag mit der kurzen Lektüre eines religiösen oder philosophischen Textes, und lassen Sie sich von den Gedanken durch den Tag begleiten. Sie können die Bibel, das Tao, die Betrachtungen Marc Aurels, Shakespeares Sonette oder was immer für Sie bedeutsam ist auswählen. Versuchen Sie, sich immer wieder im Laufe des Tages bewusst daran zu erinnern, was Sie an diesem Morgen gelesen haben. Das trainiert Ihr Bewusstsein und gibt Ihnen eine kurze Auszeit, denn der Alltag holt Sie schnell ein. Machen Sie diese kurze Pause, insbesondere vor einem Termin oder einem Gespräch.

»Seelen-Trojaner« erkennen und löschen

- Nehmen Sie sich Zeit, an die schönen Zeiten Ihres Lebens zu denken, und senden Sie die Absicht aus, »Seelen-Trojaner« zu finden. Folgen Sie Ihrer Intuition, nicht dem Verstand, denn die Informationen werden erst nach und nach in Ihr Bewusstsein kommen.

- »Seelen-Trojaner« finden Sie am leichtesten in einem entspannten Zustand, wenn es Ihnen gut geht. Sie können die Ursache dafür sein, dass wir mit sogenannten Kaugummi-Themen, die immer und immer wieder durchgekaut werden, nicht vorankommen. In den schwierigen Phasen stehen andere Themen im Vordergrund. Dennoch kann es gerade dann hilfreich sein, auch in den guten Lebensphasen nach Blockaden zu suchen. Denn manchmal liegt gerade hier der Schlüssel und es lässt sich ein Thema lösen, dessen man sich nicht bewusst war, das aber große Wirkungen auf die anderen Themen im Leben hatte.

- Wenn Sie einen »Seelen-Trojaner« gefunden haben, bearbeiten Sie ihn mit Ihnen bekannten und vertrauten Techniken zur Auflösung von Erinnerungen im Unterbewusstsein.

- Wenn es (noch) möglich ist, machen Sie die Probe aufs Exempel und gehen an den Ort oder in die Situation, mit dem bzw. der Sie die schönen und positiven Erinnerungen verbinden, und überprüfen Sie, ob der »Seelen-Trojaner« aufgelöst wurde. Sie können in dieser nun bereinigten, positiven Erinnerung ein neues Stück Lebensqualität entdecken.

Arbeit mit dem inneren Kind

- Beobachten Sie spielende Kinder. Lassen Sie sich von der Leichtigkeit, der Sorglosigkeit und der Fähigkeit, völlig im Jetzt zu sein, inspirieren. Seien Sie wachsam bei Ihren Gedanken. Es kann sein, dass Gefühle und Gedanken aufkommen wie: »So schön möchte ich es auch wieder haben« oder »Kinder haben es gut, die machen sich keine Sorgen«. Wenn dies der Fall ist, nehmen Sie sich Zeit, mit Ihrem inneren Kind zu arbeiten. Wenn Sie sich wieder mit der Freude der Kinder verbinden können, haben Sie einen großen Erfolg erzielt.

- Sprechen Sie regelmäßig und viel mit Ihrem inneren Kind. Fragen Sie nach seinen Ängsten und Sorgen. Bitten Sie Ihr inneres Kind um Antworten auf die Frage, was Sie tun können, damit sich die Situation verbessert. Das ist sehr, sehr wirksam.

- Meditieren Sie regelmäßig, und beziehen Sie dabei Ihr inneres Kind mit ein. Visualisieren Sie, dass Sie mit Ihrem inneren Kind spielen, dass es Ihnen beiden gut geht, dass Sie zueinander Vertrauen haben. Sagen Sie Ihrem inneren Kind immer und immer wieder, dass es zu Ihnen gehört, dass Sie es annehmen, sich freuen, dass es in Ihrem Leben ist und Sie gemeinsam mit ihm Ihr Leben gestalten wollen.

- Sorgen Sie regelmäßig dafür, dass Sie in Ihrem Leben Spaß haben. Spielen ist die Türe zum inneren Frieden. »Der Mensch ist nur da ganz Mensch, wo er spielt«, schrieb Friedrich Schiller. Mit »Spiel« ist nicht Glücksspiel und Wettkampf gemeint, sondern Kreativität und Lebensfreude.

▶ Wann haben Sie das letzte Mal von Herzen gelacht? Bestimmt haben Sie über andere gelacht aus Schadenfreude, Unsicherheit oder als Ventil für die eigenen Emotionen. Das machen wir alle, und es gehört zum Leben dazu. Alkohol und Gruppengefühl fördern ebenfalls Heiterkeit. Doch gemeint ist etwas anderes. Von Herzen zu lachen bedeutet, Freude und Dankbarkeit zu empfinden. Das kann laut und sichtbar sein, aber auch ein stilles, kaum wahrnehmbares Lächeln des Glücks, das nur Sie fühlen. Wenn Sie in diesem Sinne von Herzen, oder nennen wir es besser, aus dem Herzen lachen, ist Ihr inneres Kind glücklich.

Affirmationen

Ich habe die Kontrolle
    über mein Unterbewusstsein.

Ich liebe und akzeptiere mein inneres Kind.

Mein inneres Kind und ich
    sind in völligem Frieden.

Täglich nehmen die positiven und
    liebevollen Informationen
        in meinem Unterbewusstsein zu.

Alle meine Seelenanteile befinden sich
    in Harmonie und Frieden.

3. Säule

Manifestation

»Wenn ihr's nicht fühlt,
ihr werdet's nicht erjagen.«
Johann Wolfgang von Goethe

» **W**eißt du, was die größte Blockade beim Manifestieren ist?«, fragte mich Michael, während wir gemeinsam im Auto unterwegs waren. »Unzufriedenheit«, fuhr er fort. »Wenn Menschen gegen ihre Situation ankämpfen, indem sie sich beschweren und dadurch Blockaden aufbauen. Zufriedenheit ist die Basis für alles.«
Natürlich war das für mich nicht neu. Allerdings sah ich als Basis für erfolgreiches Manifestieren eher Dankbarkeit an und fragte, warum er Zufriedenheit als Grundlage für alles sehe. Seine Antwort war treffend und entwaffnend zugleich: »Wie willst du denn dankbar sein, wenn du nicht zufrieden bist?«
»Aber zufrieden sein heißt doch, dass man alles erreicht hat, was man will«, entgegnete ich. »Wenn ich zufrieden bin, habe ich mein Ziel erreicht, zumindest für den Moment.« – »Nein!«, entgegnete er in seinem unverkennbaren bayerischen Dialekt. »Zufrieden sein heißt, im Frieden mit der Situation zu sein, sie so anzunehmen, wie sie ist.« Treffer! Da hatte er recht.

3. Säule

Es schien mir, als ob das Gespräch gerade auf mich zugeschnitten wäre, denn Geduld und Akzeptanz einer Situation gehörten damals nicht zu meinen Stärken. Seit ich Ho'oponopono erlernt habe und mit dem »Tao Te King« arbeite, bin ich zwar viel ruhiger geworden und kann mit schwierigen Situationen besser umgehen, aber es bleibt für mich immer noch genug zu lernen.
»Wir reden vom Fluss des Lebens«, fuhr er fort, »doch in Wahrheit versuchen wir, den Fluss ständig nach unseren Vorstellungen zu begradigen. Egal wie schwierig dein Leben ist, bevor du es nicht akzeptierst und alles, wirklich alles, annimmst, kann sich nichts, rein gar nichts, in deinem Leben verändern und manifestieren.«
Mit dieser Konsequenz hatte ich es noch nicht gesehen. Der Begriff von Zufriedenheit im herkömmlichen Kontext ist an das Erreichen eines Zieles und an Leistung gebunden. Wenn wir Menschen fragen, ob sie mit ihrem Leben, ihrer Arbeit oder ihrer Beziehung zufrieden sind, sagen viele – wenn sie ehrlich sind – »Nein« oder »Ja, aber …«. Denn es gibt immer etwas zu verbessern oder etwas, was wir uns wünschen. Deshalb leben wir ständig in der Zukunft.

Wir verknüpfen unsere Zufriedenheit mit etwas, was wir noch nicht haben.

Wir glauben, wenn es einträte, wären wir zufrieden. Welche Illusion unseres Ego!
»Vielleicht wäre ›im Frieden sein‹ der bessere Ausdruck«, meinte Michael nach einigen Minuten der Stille. »Aber das klingt doch abgehoben. Stell dir vor, dein Leben ist so weit von allem entfernt, was du dir wünschst. Du hast keine Beziehung, Tausende Euro Schulden, und dann kommt noch eine Krebsdiagnose dazu. Diesen Menschen fragst du, wie es ihm geht. Er schaut dich einen Moment an, und dann sagt er, es gehe ihm nicht gut, aber er sei zufrieden. Da denkst du doch im ersten Moment: ›Da stimmt was nicht.‹«

»Also liegt die Herausforderung darin«, sagte ich, »jede Situation anzunehmen und im Frieden zu sein? Noch mal zurück zum Ausgangspunkt unseres Gespräches,« fuhr ich fort, »was ist nun der Zusammenhang zwischen Zufriedenheit und Erfolg?« – »Das ist viel zu kompliziert. Warum geben wir dem Wort ›zufrieden‹ nicht wieder seine einstige Bedeutung zurück? Den Kontext von Leistung und Ziel haben wir hinzugefügt. Das hat mit dem Wort im ursprünglichen Sinn nichts zu tun. Der eigentliche Wortstamm ist Frieden.«
Er dachte einen Moment nach. »Es ist eigentlich unwichtig, welche Bücher du über Manifestation liest, du wirst immer wieder die gleichen Faktoren für erfolgreiche Manifestation finden: ›Dankbarkeit, Affirmationen, Kontrolle der Gedanken, Selbstliebe und Visualisieren‹. Ich bin überzeugt, dass dies richtig ist. Doch Zufriedenheit ist die *emotionale Basis* für diese Faktoren. Wenn du innerlich leidest, dich als Opfer fühlst oder wütend bist, kannst du dich mit einer gewissen mentalen Stärke durchaus dazu bringen, zu meditieren und deine Gedanken zu kontrollieren, aber es wird nur einen kurzzeitigen Effekt bringen.«

Abends, allein auf der Fahrt nach Hause, war wunderschönes klares Wetter. Die Berge glänzten milchig und kalkweiß am Horizont, und als ich auf die Autobahn fuhr, schien mir die schräg stehende Abendsonne ins Gesicht. Ich fühlte mich wie ein Cowboy, der am Ende des Westerns bei Sonnenuntergang ins Nirgendwo reitet. Obwohl es zu diesem Zeitpunkt viele Dinge in meinem Leben gab, die ich ändern wollte und mit denen ich absolut nicht im Frieden war, ging es mir gut. Ich war zufrieden und fühlte mich wohl, auch wenn sich faktisch in meinem Leben noch nicht allzu viel geändert hatte. Ich hörte klassische Musik im Radio und genoss die Fahrt nach Hause. Das Gespräch hat mir einen großen Unterschied deutlich gemacht und meine Sichtweise auf manche Situationen in meinem Leben verändert.

3. Säule

Woher kommt es, dass uns der Mut fehlt, unser Leben schön zu finden? Oder: Wie können wir so mutig werden, dass wir das Leben wieder schön finden?

Ein Jahr nach diesem Gespräch stand ich wieder einmal an einem Punkt in meinem Leben, an dem ich nicht wusste, wie ich dieses Leben finden sollte – gut oder schlecht. Ich war in einem Netz von Gedanken und Sorgen gefangen und dachte an mögliche Ereignisse, von denen ich nicht einmal wusste, ob sie jemals eintreten würden und wenn ja, was die Konsequenzen sein könnten. Ich hatte das dringende Bedürfnis, das Leben zu kontrollieren.
Das hieß in diesem Fall, die potenziellen Schwierigkeiten vorwegzunehmen und zu begrenzen. Dies ist aber nicht möglich, wenn ich nicht weiß, was eintreten wird. Das Ergebnis war, dass ich mich völlig aus der Gegenwart hinauskatapultierte, um mich in einem Labyrinth aus Zukunfts-Eventualitäten zu verirren. Wieder kam mir mein Freund Michael zu Hilfe, und wir telefonierten sehr viel. Seine besondere Fähigkeit ist es, zuzuhören, um dann mit unglaublicher Treffsicherheit den entscheidenden Aspekt zu erkennen und anzusprechen: »Du kannst das Problem nur auf interdimensionaler Ebene mithilfe der Engel lösen. Nimm die Situation an, und vertraue.« Das war der springende Punkt. Ich hatte meine Energie in die völlig falsche Richtung gelenkt und mir Gedanken über etwas gemacht, von dem ich noch nicht einmal wusste, ob es eintreten würde. Zunächst war ich entsetzt über mich selbst, doch dann stellte sich schnell eine große Dankbarkeit ein, denn ich hatte den Weg aus dem Labyrinth gefunden. Ich musste die Frage »Was wäre, wenn ...?« in »Wie kann ich meine Situation annehmen und vertrauen?« umwandeln. Daran habe ich gearbeitet und bin schließlich zu der Affirmation gekommen: »Ich nehme jede Situation an und kann sie leicht und einfach lösen.«

Es ist keines der befürchteten Ereignisse eingetreten. Im Gegenteil, mein Leben wurde Tag für Tag leichter, und Schritt für Schritt haben sich die Dinge von selbst ergeben. Die Schwierigkeiten ließen sich auflösen, und ich konnte beginnen, das Leben wieder richtig zu genießen. Dieser Prozess war schwierig und ein gutes Stück Arbeit für mich. Doch ich bin zu einer der wichtigsten Erkenntnisse in meinem Leben gekommen:

Ohne Annahme der Situation keine Manifestation.

Es mag anmaßend erscheinen, von einem Menschen mit lebensbedrohlicher Krankheit, von einer alleinerziehenden Mutter, die ihre Miete nicht bezahlen kann, von einem Langzeitarbeitslosen, der keine Arbeit findet, oder von irgendeinem anderen Menschen mit schwerwiegenden Problemen zu verlangen, das Leben schön zu finden. Ich kenne diese Gedanken und Argumente sehr gut, und trotzdem gibt es keinen besseren Weg, das eigene Leben schnellstmöglich zu verändern, als es anzunehmen und zu lieben. Dann kann in dankbarer Haltung ein Manifestationsprozess begonnen und das Ziel aufgesetzt werden.

Der Manifestationsprozess besteht also aus folgenden Schritten:

- Zufriedenheit und Akzeptanz meiner Lebenssituation
- Dankbarkeit für alles, was ich habe, und für alles, was ich bin
- Beschreibung meiner Vision
- Loslassen

Es ist so einfach. »Mehr« ist nicht zu tun. Diese einzelnen Schritte sind jedoch die schwierige Arbeit. Sehen Sie jede scheinbar negative Situation in Ihrem Leben als Chance, und stellen Sie sich dabei folgende Frage:
Was ist das Geschenk in dieser Situation, für das ich dankbar sein kann?

Das ist natürlich ein heikler Aspekt, weil es Situationen gibt, in denen wir uns unschuldig fühlen und es, objektiv gesehen, auch sind. Zum Beispiel, wenn an einem geparkten Auto ein Schaden verursacht wird. Das ist meist nicht die Schuld des Besitzers. Wenn wir unser Leben verändern wollen, ist es dennoch wichtig anzuerkennen, dass es die individuelle Verantwortung gibt. Schließlich haben die eigenen Gedanken und Emotionen diese Situation erschaffen.
Es ist unsere Entscheidung, ob wir diese Sichtweise anerkennen oder nicht. Wenn wir dies tun, haben wir den schwierigsten und wichtigsten Schritt für eine Veränderung bereits gemacht. Daraus ergibt sich dann eine weitere Frage:

Was ist die Lernchance dieser Situation, und was soll ich in meinem Leben verändern?

Zu guter Letzt noch ein wichtiger Gedanke: Ohne Anerkennung einer göttlichen Instanz werden wir die Probleme in unserem Leben wahrscheinlich nicht vollständig lösen können. Bitten Sie Gott, die Engel oder Ihre persönliche höchste spirituelle Instanz um Unterstützung. Sie sind nie allein.
Zufriedenheit und Dankbarkeit sind die göttlichen Zwillingsgeschwister der Manifestation und die immer gültige »Währung«, mit der wir alles bekommen können, was wir uns in unserem Leben wünschen.

Geben und annehmen

Vor einiger Zeit kam ein Film von und mit Wayne Dyer auf den Markt. Dieser hieß zunächst »From Ambition to Meaning« und wurde später in »The Shift«, zu Deutsch »Wandel«, umbenannt. Inzwischen ist er unter diesem Titel auch auf Deutsch erschienen.[3] Es geht darum, dass sich im Laufe des Lebens die Vorstellung, wie wir unser Leben gestalten wollen, verändert. Dyer bezieht

---

[3] Wayne Dyer: The Shift, Allegria Verlag 2009.

sich dabei auf einen Artikel von C.G. Jung, der 1930 unter dem Titel »Die Lebenswende«[4] erschienen ist. Darin wird beschrieben, wie sich im Laufe des Lebens unsere Werte verändern.
Der Morgen des Lebens ist geprägt von Dynamik und Ehrgeiz. Wir wollen Dinge erschaffen, Karriere machen und messen uns an den Erfolgen der anderen. Manifestation erfolgt durch aktives Erschaffen.
Ob wir dabei unsere Ressourcen nutzen und vor allem tatsächlich unserem Lebenstraum folgen, sei dahingestellt. In dieser Lebensphase hört man häufig Sätze wie: »Das mache ich, wenn ich in Rente bin oder später einmal Zeit habe.«
Am Nachmittag des Lebens sind wir ruhiger und erfahrener geworden. Jetzt geht es darum, dass Manifestation durch den Prozess des Erlaubens erfolgt. Die Aufgabe besteht nun darin, im Leben die Voraussetzungen dafür zu erschaffen, dass bestimmte Dinge, die wir uns wünschen, zu uns kommen können. Der Nachmittag des Lebens ist durch eine Haltung von Absichtslosigkeit und vollständigem Vertrauen charakterisiert. Manifestation bedeutet jetzt Ermöglichen, nicht mehr Erschaffen. Aus diesem Zustand heraus geschehen plötzlich Dinge, die jahrelang nicht funktioniert haben.

Ob wir uns am Morgen oder im Nachmittag des Lebens befinden, hat nichts mit dem biologischen Alter, sondern nur mit unserer Sichtweise auf das Leben zu tun. Dyer beschreibt diese Veränderungen, in denen sich alte Verhaltensmuster wie aus dem Nichts auflösen können, als »Quantum Moments«. In dem Film »The Shift« schildert er sehr anschaulich, auf welche wirklich wundervolle Weise er im wahrsten Sinne des Wortes über Nacht aufhören konnte, Alkohol zu trinken. »Quantum Moments« sind Ereignisse, die Verhaltensweisen, Denkmuster, Lebensträume, Visionen, Werte und Beziehungen in unserem Leben grundlegend verändern.
Dieser »Shift«, der Wandel, ist ein völliger Paradigmenwechsel unseres Weltbilds und der Art und Weise, wie wir unser Leben gestalten sollen. Dyer be-

---

[4] Zu finden in folgendem Buch: C.G. Jung »Seelenprobleme der Gegenwart«, dtv 1997.

zieht sich immer wieder auf die Schlüsselaussage in C.G. Jungs Essay: Werte, Einstellungen und Lebensweisen, die uns am Morgen des Lebens wichtig waren, verändern sich und sind am Nachmittag des Lebens für uns sogar plötzlich falsch.

Das Interessante an dem Film ist, dass die Hauptdarsteller, eine junge Familie, ein erfolgreicher Unternehmer mit Partnerin und auch das Filmteam, alle im Morgen des Lebens stehen.

C.G. Jung hat die innere Veränderung und die Entwicklung von Werten zur Gestaltung des Lebens an das jeweilige Lebensalter gekoppelt. Für ihn ist der Zustand des Erlaubens und des Ermöglichens auch ein Reife- und Lernprozess, der sich mit Alter und Erfahrung entwickelt. Heute beginnt diese Entwicklung immer früher, ja, sie ist sogar vom Lebensalter losgekoppelt. Ereignisse, die wir durchleben, führen dazu, dass wir immer früher mit der Frage konfrontiert werden, wie wir unser Leben sehen und gestalten wollen. Was Jung vor über 80 Jahren beschrieben hat, ist also heute sozusagen im biologischen Lebensalter vorverlegt. Der Wandel ist eine innere Veränderung, die bewirkt, dass wir unser Potenzial entwickeln und unseren Lebenstraum verwirklichen können.

Ein wichtiger Schritt für die Weiterentwicklung vom Erschaffen zum Erlauben ist der Ausgleich zwischen Geben und Annehmen.

Die Mehrheit der Menschen kann gut geben, jedoch schwer annehmen.

Nur wenn wir lernen, dankbar und bedingungslos anzunehmen, können wir daraus wirklich den Zustand des Erlaubens in uns erschaffen. Die Blockade, dass wir nicht von Herzen und ohne Einschränkung annehmen können, liegt auf der unterbewussten Ebene. »Das ist doch selbstverständlich« oder »Das hätte es doch nicht gebraucht« sind nach außen hin Floskeln der Höflichkeit, werten aber gleichzeitig die Fähigkeit des Annehmens ab.

Nur wenn ich auf der energetischen Ebene bereit bin, gerne Dinge und Ereignisse anzunehmen, die in mein Leben kommen, werde ich meine Lebenssituation verbessern können.

In der christlichen Welt sind wir mit dem Satz »Geben ist seliger als nehmen« aufgewachsen. Dadurch haben wir ein katastrophales Missverständnis in unserem Unterbewusstsein erzeugt. Mit dem Begriff »nehmen« ist die gesamte Palette von Diebstahl bis Egozentrik gemeint. Wenn mir etwas fehlt oder gestohlen wird, ist das ärgerlich, aber es ist besser, diesen Gegenstand loszulassen, das heißt, zu geben, als meine Energie mit negativen Gedanken oder Wut zu belasten.

Es ist eine jahrhundertealte Tradition entstanden, die in unser Unterbewusstsein hineinzementiert hat, dass wir geben, aber nicht nehmen sollen – im Sinne von annehmen. Das Problem ist, dass »geben und nehmen« in diesem Kontext mit dem Wort »selig« verknüpft sind. Es geht um unser Seelenheil. Wenn wir geben anstatt zu nehmen, bekommen wir mehr von Gottes Liebe, und unsere Sünden werden uns vergeben. Als ob die Liebe Gottes davon abhängig wäre! Beginnend mit dem Ablasshandel konnte durch das Versprechen »selig werden« eine ganze Spendenindustrie aufgebaut werden, die in unser Unterbewusstsein eingraviert hat, dass wir nichts wert sind, wenn wir nehmen, und viel wert sind, wenn wir geben.

Das mag übertrieben und weit hergeholt wirken. Bevor Sie jedoch darüber urteilen, meditieren Sie, und denken Sie in Ruhe über dieses Thema nach.

Was könnte also darüber hinaus mit »Geben ist seliger als nehmen« gemeint sein? Es geht um die Zähmung des Ego, und es geht darum – sei es nun aus religiösen, spirituellen oder ethischen Gründen –, zu erkennen, dass wir geben sollen. Wenn unser Ego uns dahin treibt, Menschen zu übervorteilen, in Konkurrenz zu denken, Mangeldenken und Ängste zu fördern, dann müssen wir unser Ego durch Liebe überwinden, denn von Herzen geben ist nichts anderes als ein Akt der Liebe.

3. Säule

Vor einiger Zeit haben die Engel mir gesagt, dass ich mir bald einen neuen Geldbeutel kaufen solle. Wenig später im Urlaub fand ich einen sehr schönen, doch dann stellte ich fest, dass der Geldbeutel kein Fach für Münzen hatte, und ich wollte mich nach einem anderen umsehen. Die Engel beharrten jedoch darauf, dass ich diesen Geldbeutel kaufte. Dementsprechend fragte ich sie, was ich mit den Münzen tun solle. Die Antwort war: »Abwarten.«

Gesagt, getan, ich kam aus dem Urlaub nach Hause und begann, den Inhalt des alten Geldbeutels in den neuen umzufüllen. Natürlich stellte sich erneut die Frage: »Wohin mit den Münzen?« Die Engel sagten mir, ich solle ab jetzt die Münzen in der Hosentasche tragen und möglichst viele davon verschenken. »Verschenken? An wen?« – »Als zusätzliches Trinkgeld, an Menschen, die etwas für dich tun, oder einfach nur so ...« – »Na gut«, dachte ich mir, »ich versuche es«. Sehr bald stellte ich fest, dass ich manchmal ganz schön viel Kleingeld in der Hosentasche hatte, je nach Situation bis zu 20 Euro. Vorsichtig fragte ich die Engel, ob ich das wirklich alles verschenken solle. Die Engel meinten, wenn ich mehr Wohlstand in mein Leben bringen möchte, sollte ich die Münzen verschenken und mir gefälligst keine Gedanken darüber machen, wie viel es sei. Schließlich machte ich mir, wenn ich etwas geschenkt bekäme, auch keine Gedanken darüber.

Ich blieb dabei und verschenkte munter Münzen. Nach einer anfänglichen Hemmschwelle begann es, richtig Spaß zu machen, und ich freute mich über die Reaktionen der Menschen.

Von dem Ergebnis war ich überwältigt, denn seitdem ist auf die unglaublichste Art und Weise Geld in mein Leben gekommen, nicht materiell im Sinne von Überweisungen oder Bargeld, sondern als Einladungen, Rabatte, Upgrades, Geschenke, unerwartete Möglichkeiten und vieles mehr.

Ich muss nicht nachrechnen, um zu wissen, dass dieser Mehrwert, der dadurch in mein Leben gekommen ist, ein Vielfaches von dem ist, was ich verschenke. Zusätzlich habe ich dabei gelernt, von Herzen zu geben und freudig anzunehmen. So hat der Kauf eines neuen Geldbeutels mein Denken und Manifestationsverhalten verändert und in eine völlig neue Richtung gelenkt.

Was Jesus uns in der Apostelgeschichte mit diesem Satz vermitteln wollte, ist in seiner Einfachheit ein grandioses Instrument, mit dem wir unser Ego beherrschen können, und gleichzeitig ein uraltes Manifestationsprinzip: Alles, was ich gebe, kommt in vielfacher Form wieder in mein Leben zurück. Wir haben die Möglichkeit, den Satz »Geben ist seliger als nehmen« neu zu interpretieren und dadurch die ihm innewohnende Weisheit und Manifestationskraft zu nutzen.

Wir können uns mit der Kraft unserer Selbstverantwortung dazu entscheiden, aus Liebe zu geben und mit Liebe anzunehmen.

Ohne Wurzeln kein Wachstum

Bei aller spirituellen Entwicklung bleibt es wichtig, die Erdung zu beachten. Immer wieder kommen Klienten zu mir in die Beratung, erzählen, wie sehr sie sich um ihre spirituelle Entwicklung bemühten, aber leider scheint ihnen immer wieder etwas zu fehlen.
Wenn wir uns mit spirituellen Themen beschäftigen, arbeiten wir mit den oberen Chakren, reinigen diese und öffnen sie. Die unteren werden jedoch zu wenig berücksichtigt. Das führt dazu, dass wir zwar täglich viel tun, jedoch

nicht so recht Spaß am Leben finden. Dies wird dann auf die Tatsache zurückgeführt, dass die gewünschten Ziele in unserem Leben noch nicht erreicht sind.
Jedoch liegt hier sozusagen eine doppelte Blockade vor. Weil wir uns zu wenig um die unteren Chakren kümmern, stellt sich Lebensfreude nicht so richtig ein. Dadurch entsteht eine emotionale Blockade für den Manifestationsprozess. Es geht nicht nur darum, uns nach oben hin zu entwickeln, sondern auch den Boden unter unseren Füßen im wahrsten Sinne des Wortes und im übertragenen Sinn zu spüren.

Aufgrund langer Traditionen, die wir als Informationen in unserem Zellengedächtnis gespeichert haben, glauben wir, dass religiöse, geistige oder spirituelle Entwicklung durch folgende Parameter bestimmt sind: Entsagung, Schwierigkeiten und die Notwendigkeit eines Gurus, Lehrers oder Meisters. Dies mag in früheren Zeiten richtig gewesen sein. Heute leben wir jedoch in einer anderen Zeit. Wir, nur wir, sind für unser Leben verantwortlich. Natürlich ist es wichtig, Lehrer und Vorbilder zu haben. Damals hieß das, die Verantwortung abzugeben, denn der Meister wusste, was gut für uns ist. Jetzt müssen wir entscheiden, was wir wollen, und uns dann auf den Weg machen. Früher haben wir den Meister begleitet, heute begleitet der Meister uns.
Wenn die Aufgabe erfüllt ist, verabschieden wir uns dankbar, und es kommen neue Menschen in unser Leben, die uns begleiten. Für die spirituelle Entwicklung sind – bildlich gesprochen – Wurzeln, die in die Erde gehen, ebenso wichtig wie die Äste, Blüten und Baumkronen, die sich zu Himmel recken.

Ein Baum ohne Wurzeln wächst nicht.

Viele Menschen entschließen sich zu ihrer persönlichen spirituellen Entwicklung meist aufgrund gravierender Ereignisse in ihrem Leben, denn freiwillig verlassen wir selten unsere Komfortzone. Dann passiert es häufig, dass sich Situationen in unserem Leben verschlechtern. Wir intensivieren unsere Bemühungen, besuchen noch mehr Workshops, lesen noch mehr Bücher, wissen immer genauer, wie es eigentlich geht – aber der Erfolg bleibt dennoch aus. Wir stehen mit unseren Füßen nicht auf den Boden, uns fehlen die Wurzeln. Wir beschließen, dass Äußerlichkeiten und Materielles nicht wichtig sind, denn es geht ja schließlich um die innere Entwicklung, buchen aber gleichzeitig für den nächsten Tag eine Beratung dazu, wie mehr Geld in unser Leben kommen kann.

Wie soll das funktionieren? Das ist kein Plädoyer für Materialismus und Gier. Die Frage ist, ob wir von Geld und Wohlstand abhängig sind. Der Baum zieht mit seinen Wurzeln nur so viele Nährstoffe aus dem Boden, wie er benötigt, auch wenn viel mehr vorhanden sind. Problematisch wird es nur, wenn es zu wenige sind.

Ich glaube, eine der wesentlichsten Veränderungen in der persönlichen spirituellen Entwicklung ist der Gedanke, dass wir uns erlauben dürfen, ja, dass es sogar gut ist, mehr zu haben, als wir brauchen. Nur sollen wir uns nicht daran anhaften und unseren Selbstwert davon ableiten. Der Baum erhält seinen Wert nicht aus der Anzahl der Nährstoffe oder Blätter, aber er wächst unter günstigen Bedingungen besonders gut.

Nun stellt sich die Frage: Warum sollte man mehr haben wollen, als man benötigt? Warum nicht? Der Baum fragt das auch nicht. Auf diese Frage meldet sich häufig das schlechte Gewissen: Anderen geht es schließlich schlechter, und es ist auch nicht sozial, mehr – und schon gar nicht viel zu viel – zu haben. Wir könnten dem Materialismus verfallen. Das Ego würde uns durch Geld beherrschen, und es könnte die Gefahr bestehen, dass unsere spirituelle Entwicklung gefährdet sei. Das stimmt und kann auch passieren, wenn wir uns darauf fokussieren. Es kann aber auch genau das Gegenteil eintreten. Materieller Wohlstand fördert unsere spirituelle Entwicklung, weil wir die Möglichkeit haben, an uns zu arbeiten, und unser Geld zum Wohl aller einsetzen können.

3. Säule

Es hängt nur davon ab, für welche Lebenseinstellung wir uns entscheiden. Zum Thema Erdung habe ich folgende Beobachtungen gemacht:

- Je besser es jedem Einzelnen geht, umso besser geht es allen anderen.
- Je mehr ich habe, umso mehr kann ich für andere tun.

Das Thema der ersten beiden Chakren ist das Vertrauen in das materielle Leben: Dazu gehören Geld, Ernährung, Körperbewusstsein und Sexualität. Wenn diese Chakren geschwächt sind, fühlt man sich nicht geborgen genug, um auch den Stürmen des Lebens standhalten zu können.
Was bedeutet das für unsere spirituelle Entwicklung? Beginnen Sie, sich mit dem Gedanken anzufreunden, dass all diese Themen eine große Bedeutung haben, dass Sie erfolgreich sein können. Daher ist es wichtig und schön, sich damit auseinanderzusetzen und das Bewusstsein zu entwickeln, es zu verdienen. Dann verbinden Sie damit auch die Gewissheit, es zu bekommen.

Als Selbstständiger bin ich auf eine kontinuierliche Auftragslage angewiesen. Deswegen ist es Teil meiner Arbeit, neue Kontakte zu knüpfen, um Aufträge zu bekommen. Aus den Kontakten, die ich durch Beharrlichkeit bekommen habe, sind zwar oft Aufträge, aber keine langfristigen Kooperationen entstanden. Beides, Akquise und Aufträge, die »von selbst« zu mir kommen, sind unterschiedliche Manifestationserfolge, einmal durch »Erschaffen« am Morgen des Lebens und das andere Mal am Nachmittag mit »Erlauben«.
Wie ich über Geld denke, hängt direkt damit zusammen, ob ich neue Kontakte oder Anfragen bekomme. Das heißt, die Basis für finanziellen Erfolg ist mein Denken über Geld. Jetzt habe ich zwei Möglichkeiten:

Erschaffen oder Erlauben. Wenn ich versuche zu planen, um neue Aufträge zu bekommen, ist es schwierig und oft erfolglos, weil ich glaube, den Erfolg selbst erschaffen zu »müssen«. Arbeite ich stattdessen an meinem Vertrauen und dem sicheren Gefühl, dass immer genügend Geld vorhanden ist, geschehen die erstaunlichsten Dinge von selbst und ich habe viel Arbeit damit, die Anfragen zu beantworten. In beiden Fällen arbeite ich viel.

Wenn meine unteren Chakren stabil sind, kann ich loslassen und vertrauen. Dies hat zur Folge, dass ich die Führung und Hinweise der Engel klarer wahrnehmen und umsetzen kann. Meine Gedanken über Geld sind der Indikator dafür, wie der Zustand meiner Chakren ist. Dementsprechend kann ich arbeiten. Interessanterweise sind die Kunden, mit denen ich seit vielen Jahren zusammenarbeite, alle »von selbst« zu mir gekommen. Das bedeutet, sie sind auf mich zugekommen, und ich habe sie nicht direkt akquiriert. Das ist für mich der Beweis, dass für alles gesorgt ist und die Dinge von selbst zu uns kommen. Ich muss »nur« die richtigen Gedanken und Emotionen haben und an der Stabilität meiner unteren Chakren arbeiten. Dann habe ich starke Wurzeln, und Wachstum geschieht von selbst.

Die Eiche ist das Sinnbild eines Baumes, der stolz und stark, auch allein stehen kann, die Wurzeln tief in die Erde gegraben, und die Krone strebt himmelwärts. Nicht umsonst hat die Eiche in vielen Mythen und Sagen eine besondere Bedeutung, weil sie im übertragenen Sinn unser äußeres Leben und unser inneres Wachstum symbolisiert. Ein Mensch, der alle Chakren ausbalanciert hat und über ein starkes materielles Vertrauen verfügt, kann sein spirituelles Wachstum sicher und stetig entwickeln.

Aktionsschritte »Manifestation«

Zufriedenheit

▶ Das Wichtigste ist Zeit. Gerade wenn es uns nicht gut geht, gehen wir äußerlich und innerlich mit gesenktem Haupt durch die Welt. Nehmen Sie sich Zeit, um in Ruhe die Welt zu beobachten, und lernen Sie, Dinge zu entdecken. Das ist überall möglich, im Freien oder in Gebäuden. Es gibt immer die Möglichkeit, einige Minuten innezuhalten und die Umgebung zu betrachten.

▶ Freuen Sie sich über alles, was Sie haben. Es gibt eine sehr einfache Übung: Setzen Sie sich in das eigene Zimmer oder in die Wohnung, und seien Sie dankbar für alles, was Sie haben. Nur nutzt dies nichts, wenn die Emotionen dazu nicht stimmen. Deswegen freuen Sie sich. Es kann sein, dass dies nicht so einfach geht, denn durch schwierige Zeiten haben wir oft verlernt, uns an den sogenannten kleinen Dingen zu erfreuen. Als Kind haben wir uns der Welt mit Offenheit und Neugier genähert. Wir haben uns über Dinge gefreut oder Sachen geliebt, ohne ihnen einen materiellen Wert beizumessen, weil wir diesen damals noch gar nicht kannten. Wir erlebten die sprichwörtliche »kindliche Freude«. Wir haben das nur verlernt und können es wiederentdecken. Das kann anstrengende Arbeit sein, vielleicht fließt auch die eine oder andere Träne, dennoch ist es wichtig, die kindliche Freude wiederzuentdecken und zu genießen.

▶ Hören Sie in Ruhe Musik, und entspannen Sie sich. Machen Sie nichts anderes, vielleicht schlafen Sie ein. Das macht nichts. Wählen Sie möglichst ruhige Musik, die Stilrichtung ist dabei zweitrangig. Sie sollte zum Träumen und Entspannen einladen.

▸ Beobachten Sie Tiere – in der Natur, im Tierpark oder im Fernsehen. Tiere haben im Vergleich zum Menschen eine außerordentliche Fähigkeit: Sie beurteilen nicht und haben sich ihren natürlichen Spieltrieb bewahrt.

▸ Suchen Sie sich einen besonderen Ort, den Sie immer wieder aufsuchen. Das kann ein Park, eine Kirche, Ihr Balkon oder ein Sessel in Ihrem Zimmer sein. Sagen Sie, am besten laut, zu sich selbst: »Das Leben ist schön.« Sie werden fühlen, ob das für Sie in diesem Moment emotional glaubwürdig ist. Dies kann an verschiedenen Tagen unterschiedlich sein.

▸ Geben Sie auf keinen Fall auf. Bleiben Sie dran!

Wachstum

▸ Seien Sie großzügig in dem Maße, wie es für Sie möglich ist: finanziell, ideell oder durch Handlungen. Geben Sie von Herzen und ohne die Erwartung einer Gegenleistung.

▸ Trainieren Sie, vorbehaltlos anzunehmen. Wenn Ihnen etwas geschenkt wird, bedanken Sie sich und drücken Sie Ihre Freude darüber aus. Relativieren Sie es nicht durch Sätze oder Gedanken wie: »Ja, aber eigentlich ist es doch selbstverständlich.«

▸ Nehmen Sie die vielen Gelegenheiten im Leben wahr, bei denen Sie etwas bekommen. Das bedeutet nicht, dass es immer auf der materiellen Ebene ist. Wir alle bekommen auf der energetischen Ebene ständig Dinge, nur nehmen wir sie nicht wahr oder wir nehmen sie nicht an. Achten Sie auf die vielen Kleinigkeiten: Jemand hält Ihnen die Türe auf, lässt Ihnen den Vortritt, ein Parkplatz wird völlig unerwartet frei. Das Universum

3. Säule

besteht nur aus Fülle, und wir werden ständig mit dieser Fülle versorgt. Trainieren Sie, diese bewusst wahrzunehmen.

▶ Achten Sie auf die Geschenke, die Sie bekommen: Münzen, die Sie finden, einen Grappa im Restaurant, ein Upgrade bei Hotel, Flug oder Leihwagen. Freuen Sie sich, und arbeiten Sie mit der Affirmation: »Danke. Ich nehme das gerne an.«

▶ Seien Sie auf Veränderungen und Überraschungen gefasst. Wenn Sie diese Übungen praktizieren, wird sich in kürzester Zeit vieles in Ihrem Leben verändern. Nur eine Voraussetzung ist wichtig: Erwarten Sie nichts! Stattdessen werden Sie viele Dinge bekommen, auf die Sie nicht gefasst sind.

▶ Fokussieren Sie sich auf Wohlstand – bei sich und bei anderen. Sehen Sie sich in Ihrem Leben um, und freuen Sie sich darüber, was Sie besitzen. Seien Sie dankbar, und stehen Sie dazu, dass Sie schöne Dinge in Ihrem Leben haben möchten. Wenn Sie wertvolle Dinge sehen, wie ein teueres Auto, ein schickes Kleid, tolle Schuhe, Schmuck oder was auch immer Ihnen gefällt, freuen Sie sich darüber und senden Sie dem Besitzer Ihren Glückwunsch. Es gibt viele Gelegenheiten, die zahlreichen Hochglanzzeitschriften durchzublättern. Auch wenn diese Sie thematisch überhaupt nicht interessieren, blättern Sie die Zeitschriften nur durch, achten Sie auf Bilder in Artikeln oder Anzeigen, und freuen Sie sich über den unglaublichen Wohlstand, den es gibt. Das muss nicht Ihr Geschmack sein, und es stellt sich auch gar nicht die Frage, ob Sie es sich (schon) leisten können. Beschäftigen Sie sich mit materiellem Wohlstand, und visualisieren Sie Ihren Wohlstand: Ihr Haus mit Swimmingpool, Ihr Auto, Ihre Reisen in die schönsten Hotels, was auch immer Sie in Ihr Leben bringen möchten.

▶ Leisten Sie sich ab und zu etwas Besonderes, was Sie eigentlich nicht tun würden. Dies sollte im Rahmen Ihrer finanziellen Möglichkeiten bleiben, darf also Ihre Situation nicht verschlechtern. Das kann ein Buch sein, das Sie schon immer lesen wollten, in einem besonderen Restaurant essen gehen, eine gute Flasche Wein, eine Zigarre, schöne Schuhe, eine Massage, ein Ausflug. Hier ist der materielle Wert nicht ausschlaggebend, sondern die Tatsache, dass Sie es erlauben, sich etwas Wertvolles zu leisten. Genießen Sie es!

▶ Bringen Sie Farben in Ihr Leben. Helle, kraftvolle Farben bringen Energie und stärken die unteren Chakren. Verändern Sie Ihre Wohnung, Ihren Arbeitsplatz und Ihre Kleidung, denn dieser bewusste Prozess der Umgestaltung bringt Wandel. Auch hier geht es mehr um die Qualität als um die Quantität. Signalisieren Sie sich selbst und Ihrem Umfeld Ihre Präsenz. Da intensive Farben energetisieren, verwenden Sie diese bevorzugt in den aktiven Bereichen Ihres Lebens, also weniger im Schlafbereich oder dort, wo Sie meditieren. Bei Erdung geht es um Aktion, und hier gehören die Farben hin, diskret aber klar. Gewöhnen Sie sich daran, dass Sie positiv auffallen.

▶ »Feel sexy!« Auch wenn Sex ein wichtiger Beitrag zur Erdung und Entwicklung von Vertrauen und positivem Lebensgefühl ist, beginnen Sie nicht, One-Night-Stands zu sammeln. Hier geht es vor allem um das Gefühl, die Ausstrahlung, dass Sie es wert sind, wahrgenommen zu werden. Attraktiv bedeutet anziehend. Nur wer sich attraktiv fühlt, kann erfolgreich Dinge und Menschen in sein Leben ziehen. Sie können Hunderte Euro beim Friseur ausgeben, wenn Sie im Unterbewusstsein denken, dass Sie hässlich sind, ist Ihr Geld verschwendet. »Feel Sexy« heißt nicht, jede Nacht in einem anderen Bett zu landen, sondern bedeutet, dass Ihnen Sex wichtig ist, dass Sie Spaß daran und Lust darauf haben.

3. Säule

> Räumen Sie Ihren Kleiderschrank aus. Werfen Sie alle Kleidungsstücke weg, die Ihren Selbstwert als Frau oder Mann nicht erhöhen. Wenn Sie ein Kleidungsstück in der Hand haben, werden Sie wissen, ob es Ihren Selbstwert erhöht oder nicht. Beginnen Sie bei der Unterwäsche, Sie werden erstaunt, erschreckt oder entsetzt sein – vielleicht können Sie aber auch einfach nur herzlich lachen. Wenn Sie diese Übung wirklich konsequent machen, werden viele von Ihnen den größten Teil ihrer Garderobe aussortieren. Deswegen machen Sie es langsam. Auch hier geht es um den Prozess, nicht um die Masse. Am besten ist es, wenn Sie die Kleidung im wahrsten Sinne des Wortes Stück für Stück ersetzen. Für jedes Stück, das Sie weggeben, kaufen Sie sich ein neues. Bitte achten Sie auf Ihre finanziellen Möglichkeiten. Das Erstaunliche daran ist, dass gerade diese Übung mehr Geld für Kleidung in Ihr Leben bringen wird. Plötzlich finden Sie Kleidung zu ermäßigten Preisen, bekommen Kleidung geschenkt oder Sie entdecken neue Geschäfte. Noch eine abschließende Bemerkung: Bitte werfen Sie Kleidung nicht in den Müll, sondern übergeben Sie diese einer Kleidersammlung. Auch das bewirkt, dass leichter Neues in Ihr Leben kommen kann.

Affirmationen

Ich akzeptiere mein Leben,
      wie es ist, und bin im Frieden.

Ich lebe auf der Erde und im Himmel.

Täglich gibt es in meinem Leben
      positive Veränderungen.

Dankbar und freudig nehme ich an.

4. Säule

Lebensfreude

> »Ernst ist das Leben,
> heiter ist die Kunst.«
> Friedrich Schiller

Der Indikator für unsere spirituelle Entwicklung ist die Lebensfreude. Mit untrüglicher Sicherheit zeigt uns dieses Thema, ob wir im Einklang mit der Energie Gottes sind. Wenn wir keine oder nicht genügend Lebensfreude empfinden, sind wir in irgendeiner Zeitdimension, aber nicht in der Gegenwart. Verzweiflung, Unruhe, Antriebslosigkeit, Sorgen, Wut, Verurteilungen hindern uns daran, im Jetzt zu leben. Ohne Lebensfreude wird uns das Ego in kürzester Zeit wieder aus der Gegenwart in das Opferbewusstsein katapultieren. Lebensfreude ist der Garant dafür, dass wir in der Gegenwart bleiben können, und zeigt sich in verschiedenen Aspekten, die ich ausführlicher beleuchten möchte.

Schönheit

Wenn wir in unserem Leben erfolgreich sein wollen, dann schätzen wir Schönheit, laden sie in unser Leben ein und kultivieren sie. Schönheit wird oft mit Luxus gleichgesetzt. Grundsätzlich ist gegen Luxus nichts einzuwenden. Ähnlich wie beim Geld kritisieren meist nur die Menschen Luxus, die keinen haben. Damit blockieren sie ihren Flow. Luxus wichtig zu finden oder nicht, ist die eine Seite, die andere ist, Luxus, wenn man ihn nicht hat, zu kritisieren. Dies stoppt den eigenen Erfolg. Schönheit bezieht sich auf Kunst, Literatur, Malerei, Konzerte, Theater, Oper oder Kino. All dies sind wichtige Bestandteile eines erfolgreichen Lebens. Wir verdanken viele Museen, Stiftungen und kulturelle Einrichtungen visionären Menschen, die sich der Kunst und der Schönheit verpflichtet fühlten. Schönheit hat die Funktion, unseren Geist zu schulen und unsere Seele zu nähren.

Viele erfolgreiche Menschen sind Kunstmäzene, sehr gute Musiker oder üben eine künstlerische Tätigkeit aus. Dabei geht es vor allem um den inneren Ausgleich. Beruflicher Erfolg ist sehr stark mit einem klaren Verstand und der Aktivität der linken Gehirnhälfte verbunden. Das Musische und das Künstlerische sind der Ausgleich und aktivieren die rechte Gehirnhälfte. Die Beschäftigung mit Schönheit ist vielleicht nur eine, sagen wir, Begleiterscheinung auf dem Weg zum Erfolg, und es gibt mit Sicherheit genügend Menschen mit großem Erfolg, die sich für keine Art von Kunst interessieren. Ist das der Gegenbeweis? Nein, denn es bedarf keines Beweises.

Es ist meine freie Entscheidung, ob ich Kunst und Schönheit in mein Leben einlade.

Schönheit ist ein emotionales Thema, und über Geschmack lässt sich nicht streiten. Finden Sie heraus, was Sie interessiert, welche Art von Kunst Sie inspiriert, sodass Sie auch aktiv werden. Das kann Standardtanz, ein Konzert, Akt- oder Manga-Zeichnen oder die Aktivität in der heimischen Blaskapelle sein. Es gibt kein Richtig, Falsch, Besser, Schlechter. Es gibt nur die Frage, ob Sie sich mit Kunst in irgendeiner Form beschäftigen, aktiv oder passiv, denn beruflicher Erfolg und innere Zufriedenheit hängen mit dem Thema Kunst und Schönheit zusammen.

Noch einmal zur Klarheit: Um beruflich erfolgreich zu sein, Geld, auch viel Geld, zu verdienen, brauchen Sie sich weder mit Kunst noch mit Schönheit zu beschäftigen. Nur sind Menschen, die sich damit auseinandersetzen, sei es aktiv oder passiv, ausgeglichen, können ihre Gedanken und Emotionen leichter kontrollieren und haben in der Regel das bessere soziale Umfeld.

Nun zum zweiten Aspekt der äußeren Schönheit. Es wird oft gesagt, dass es um die inneren Werte, die innere Schönheit des Menschen geht. Das ist auch uneingeschränkt richtig. Leider wird dabei oft vergessen, dass die innere und die äußere Schönheit miteinander zusammenhängen. Natürlich läuft nicht jeder in der teuersten Markenkleidung durch die Welt, doch diejenigen, denen dies wirklich nichts bedeutet, sprechen nicht darüber. Sie verurteilen nicht die Menschen, die teure Kleidung tragen, sondern freuen sich darüber, unabhängig davon, was sie selbst tragen oder was ihnen wichtig ist.

Mein Mindset, meine persönliche Gedankenstruktur zu einem bestimmten Thema, ist eine Mischung aus meinen Erfahrungen, Emotionen, Glaubenssätzen, Ängsten und Vorurteilen. Es ist stets so lange aktiv, bis es durch ein anderes ersetzt oder aufgelöst wird. Dies kann kontrolliert durch bewusstes Erarbeiten oder unkontrolliert zum Beispiel durch negative Erfahrungen verändert werden. Insofern spiegelt mein Mindset zur äußeren Schönheit, meinen persönlichen und privaten Erfolg wider. Dies hat nichts damit zu tun, ob ich teure Markenkleidung trage, sondern damit, *was ich über teure Markenkleidung denke.*

4. Säule

Wenn ich mich an der Schönheit, dem Stil, der Kleidung, dem Äußeren anderer erfreue, unabhängig, ob ich dasselbe besitze oder für mich persönlich als wesentlich erachte, werde ich genug Geld haben und kann meine Wünsche realisieren.

Es geht nicht darum, materielle Güter anzuhäufen, sondern diese bewertungsfrei zu sehen.

Dies ist eine sehr anspruchsvolle Übung, weil die Betrachtung von Luxus mich mit meinen ungelösten Gedankenmustern über Erfolg konfrontiert. In dem Moment, in dem ich jede Bewertung von Luxus aufgelöst habe, kann alles zu mir kommen. Es wird immer nur maximal so viel Wohlstand und Reichtum in mein Leben kommen, wie mir wichtig ist.

Persönlich habe ich die Erfahrung gemacht, dass ich genau in den Bereichen, in denen ich andere kritisiert habe, meinen Flow, das freie Fließen der Energie, wodurch quasi alles von selbst kommt und entsteht, blockiert habe. Wenn sich bestimmte Bereiche meines Lebens partout nicht verändern, sind es oft meine eigenen Vorurteile, die mir im Weg stehen. Die Blockaden haben sich nicht aufgelöst, weil ich versucht habe, mir genau das Gleiche zu leisten, sondern erst, als ich begonnen habe, mich positiv darauf zu fokussieren. Ich habe mich über schöne Schuhe, teure Anzüge oder luxuriöse Autos von anderen Menschen gefreut, unabhängig davon, ob ich diese Dinge haben wollte oder sie mir leisten konnte.

> Früher war ich ein Mensch, der äußere Schönheit eher kritisch betrachtete. Dies hatte zur Folge, dass nur bestimmte Situationen und Menschen in mein Leben kamen und ich mir dadurch meine eigene Begrenzung erschuf. Dann entschied ich mich, dies zu verändern. Ich bemühe mich seither, jede Form von Wohlstand, Schönheit und Ästhetik wahrzunehmen: ein ausgefallenes Paar Schuhe, ein tolles Auto,

eine futuristische Yacht im Hafen, Häuser und vieles mehr. Aber auch Menschen, die mir begegnen oder die ich beobachten kann, erwecken meine Aufmerksamkeit, und ich freue mich über deren Besonderheiten. Dies praktiziere ich auf Reisen, im Beruf, bei Opern- oder Konzertaufführungen und auch bei Dingen, die ich im Fernsehen oder in Zeitschriften sehe. Persönlich lege ich Wert auf gute Kleidung, jedoch keine ausgefallenen Marken. Ich bin eher ein Mensch, der sich für schöne Dinge des täglichen Lebens begeistern kann, wie zum Beispiel einen Füller, eine Uhr oder eine Reisetasche. Seit ich meine Sichtweise verändert habe, ist mehr Wohlstand in mein Leben gekommen. Die wirklich bemerkenswerte Veränderung, weil ich sie in diesem Zusammenhang nicht erwartet habe, ist jedoch, dass ich toleranter geworden bin – gegenüber anderen und mir selbst. Es hat mich wirklich erstaunt, dass die Veränderung der Betrachtungsweise von Schönheit meine Toleranz verstärkt hat. Lebensfreude steuert unsere Gedankenstruktur bis in unser tiefstes Inneres, und die äußerliche Betrachtung von Schönheit erweckt Prozesse der persönlichen Veränderung in uns.

Die innere Welt bestimmt die äußere Welt. Wenn mir innere Werte wichtig sind, aber keine äußeren, dann wird sich in der äußeren Welt langfristig kein Erfolg einstellen. Das kann zur Folge haben, dass ich aufgrund von Frustration oder Enttäuschung noch mehr über andere urteile. Damit starte ich einen Teufelskreis, der so lange anhält, bis ich beginne, mich innerlich und auch äußerlich zu lieben und schön zu finden.

4. Säule

Disziplin

Was hat Disziplin mit Lebensfreude zu tun? Allzu oft verbinden wir Disziplin mit Strenge, Pflicht oder dem Zwang, Dinge zu tun, die wir nicht können, wollen oder mit beidem. Das hat jedoch nichts mit Disziplin zu tun.

Disziplin ist die Fähigkeit, für ein angestrebtes Ziel alles, was notwendig ist, zu tun – und zwar mit Freude. Wenn ich einen Marathon laufe oder auf einen Berg steige, mache ich dies freiwillig, gerne und mit Leidenschaft. Dennoch wird es immer wieder Zeiten geben, in denen es schwierig ist und ich am liebsten aufgeben möchte. Dann ist Disziplin gefragt. Das bedeutet, immer das Ziel im Auge zu behalten und nicht auf die Hindernisse zu achten. Sich auf das Ziel zu fokussieren bedeutet jedoch nicht, die Gegenwart zu verlassen. Im Gegenteil, es hilft mir, in der Gegenwart zu bleiben. Die Gegenwart verlasse ich, wenn ich mich auf die Schwierigkeiten konzentriere, weil dann mein Ego die Kontrolle übernimmt. Hindernisse kann ich leichter überwinden, wenn ich diese gerne und mit Freude angehe. Deswegen ist Disziplin ein Teil der Lebensfreude und eine wichtige Grundvoraussetzung für Erfolg.

**Disziplin ist keine Fähigkeit,
sondern eine Entscheidung.**

Einer der häufigsten Gründe, warum Manifestation nicht gelingt oder länger dauert, ist, dass wir zu früh aufgeben und nicht konsequent und stark in unserem Vertrauen bleiben. Daher benötigen wir Disziplin.

Wenn ich mir Disziplin aneignen möchte, ist es wichtig, dass ich mich zunächst frage, was ich mit Disziplin verbinde. Jeder hat ein anderes Verständnis, das aus den eigenen Erfahrungen kommt. Wenn ich meinen Erfolg erschaffen möchte, sollte ich Disziplin für mich neu definieren und meine bisherigen

Erfahrungen reflektieren, indem ich versuche herauszufinden, was die guten Seiten der Disziplin sind und was mich bisher eher behindert oder in meinem Selbstwert eingeschränkt hat.

Grundsätzlich gibt es zwei extreme Formen von Disziplin: Sprinter und Langstreckenläufer. Die Sprinter können für kurze Zeit ein sehr hohes Maß an Disziplin leisten, lassen dann aber los. Wie ein Gummiband schnellt das Verhalten in die gegensätzliche Richtung, und es folgt häufig ein Stillstand. Manifestationen, die durch diese Art von Disziplin erreicht werden, lassen sich mit dem bekannten Sprichwort »Wie gewonnen, so zerronnen« umschreiben. Die Sprinter wissen jedoch, dass sie jederzeit mit der entsprechenden Anstrengung alles wieder erschaffen können. Daher werden sie sich stets in relativ extremen Höhen oder Tiefen aufhalten. Der Energieverbrauch ist hoch, jedoch stellt sich der Erfolg zuverlässig und in der Regel schnell ein. Das ist natürlich auch trügerisch, weil dieser extreme Kraftaufwand nur eine bestimmte Zeit lang möglich ist und irgendwann im Burn-out endet.

Die Langstreckenläufer sind das Gegenteil. Diese Menschen sind extrem diszipliniert, perfekt selbst organisiert und können sehr gut »Durststrecken« aushalten. Die Schwierigkeit ist, dass sie meist nur schwer loslassen können. Was die Sprinter zu wenig haben, ist bei den Langstreckenläufern zu viel. Das »Sich-Verbeißen« in eine Sache macht sie ebenfalls bis zu einem gewissen Punkt erfolgreich; da sie aber nicht loslassen können, erreichen sie das Ziel oft nur langsam. Teilerfolge führen dazu, dass sie, solange sie können, die Disziplin aufrechterhalten, um wirklich ans Ziel zu kommen. Anstatt loszulassen, erleiden sie ebenfalls ein Burn-out. Hier lässt sich der Manifestationsprozess mit »hart erarbeitet und sauer verdient« beschreiben.

4. Säule

Die Schwierigkeit oder das Paradoxon liegt darin, dass Disziplin und Loslassen sich auszuschließen scheinen. Dabei gehört zum Loslassen die Disziplin, genau zu wissen, wann dieses dringend notwendig ist, und auch, wann wieder mit der Arbeit angefangen werden muss. Disziplin kann man auf zwei Arten erlernen:

- an etwas arbeiten, diese Tätigkeit beibehalten und zu einem Ende bringen

- loslassen, gedanklich frei sein, sich erholen und wieder im richtigen Moment mit dem Arbeitsprozess beginnen.

Das richtige Maß an Disziplin zu finden, ist eine echte Herausforderung, und die Konsequenz der Umsetzung im Wechselspiel von Aktion und Ruhe bestimmt wesentlich die Geschwindigkeit des Manifestationsprozesses.

> Vor einigen Jahren habe ich das Buch »Der Tibetische Yoga des Herzens« von Geshe Michael Roach gelesen, das mich spontan begeisterte. In diesem Buch wird eine Reihe von Yoga-Übungen beschrieben, die einer sehr alten Tradition folgen und den Übenden dabei unterstützen, mit seinen Emotionen im Einklang zu sein und den inneren Frieden und die Balance zu halten. Die Übungen dauern 30–40 Minuten und sollten möglichst am Morgen durchgeführt werden.
> Da ich bereits seit Langem morgens Yoga praktiziere, dachte ich, dass es kein Problem sei, diese Übungen zu erlernen. Dies stellte sich als großer Irrtum heraus, denn die Übungen waren für einen »Hobby-Yogi« wie mich nicht ausführlich genug beschrieben, und mein Grundverständnis reichte einfach nicht aus, die Darstellungen entsprechend richtig zu interpretieren. Dennoch blieb der Wunsch in mir, es eines Tages zu lernen, und ich begann, nach Yoga-Lehrern zu suchen, die mir die Übungen beibringen könnten. Allerdings war die Voraussetzung dafür, dass der potenzielle Lehrer das Buch kennen oder lesen musste.

Schließlich kam wohl der richtige Zeitpunkt für mich, denn ich bin »zufällig« in Kontakt mit Susanne, der Leiterin einer Yoga-Schule, gekommen. Spontan erklärte sie sich bereit, das Buch zu lesen, und unterstützte mich dann mit viel Geduld und Hingabe dabei, die Übungen zu erlernen. Susanne hat mir bei manchen Übungen, die ich nicht auf Anhieb konnte, Zwischenschritte gezeigt, sodass ich schließlich mit nur wenigen Einzelstunden das Programm erlernt habe und nun täglich durchführen kann. Die Wirkungen des Herz-Yogas waren sehr erstaunlich. Zunächst erlebte ich eine »seelische Entgiftung«, die nicht immer angenehm war. Doch nach einigen Tagen stellten sich mein Körper und mein energetisches System um. Die Wirkung, die ich jetzt verspüre, ist, dass ich für den gesamten Tag mehr Energie habe, leichter im positiven Denken bleibe und meine Balance besser halten bzw. schneller zu ihr zurückfinden kann. Voraussetzung dafür ist die tägliche Praxis, möglichst fünf- bis sechsmal in der Woche.

Disziplin ist die Beharrlichkeit, ein Ziel weiterzuverfolgen, auch wenn scheinbar noch nicht der richtige Zeitpunkt zur Verwirklichung gekommen ist. Für mich erfordert dieses Yoga-Programm bis heute noch große Disziplin, jedoch steigert es meine Lebensqualität und Lebensfreude erheblich.

Die Leistungen und Ansichten des Bergsteigers Reinhold Messner sind oft umstritten. Was ihn jedoch als einen der besten Bergsteiger der Welt auszeichnet, ist seine Fähigkeit, intuitiv genau seine Grenzen zu erkennen, diese wirklich ausloten zu können und im richtigen Moment zu wissen, wann loslassen, sprich umkehren, notwendig ist. Messner hat immer wieder betont, dass er nie in seinem Leben gearbeitet habe, sondern immer nur gemacht habe, was ihm Spaß und Freude bereitete. Diese Kombination aus Lebensfreude und Disziplin hat ihn letztlich zu einem der erfolgreichsten Bergsteiger aller Zeiten gemacht und zeigt, wie Disziplin, Lebensfreude und Erfolg im Einklang sein können.

4. Säule

Humor

Eigentlich ist es selbstverständlich, dass Humor zum Leben gehört. Dennoch fehlt Humor häufig im Manifestationsprozess. In den meisten Fällen beginnen wir einen bewussten Manifestationsprozess, weil wir gleichzeitig in einer Phase der persönlichen Weiterentwicklung sind, und das heißt oft, dass wir uns in einer Mangelsituation befinden. Mangel bedeutet, dass uns etwas fehlt, sei es Geld, Gesundheit oder der Lebenspartner. Der Druck ist sehr hoch. Meist halten wir ihm eine Zeit lang stand, bis wir schließlich quasi dazu gezwungen werden, den Veränderungsprozess zu beginnen. Dann haben wir bereits eine gewisse Zeit mit Enttäuschungen und Frustration hinter uns. Das Erste, was sozusagen über Bord geworfen wird, ist der Humor. Was davon übrig bleibt, ist bestenfalls Galgenhumor oder Sarkasmus.

Erfolgreiche Menschen wissen, dass sich Lebensfreude und Probleme nicht ausschließen. Im Gegenteil: Gerade in Zeiten mit vielen Schwierigkeiten ist es besonders wichtig, die Lebensfreude aufrechtzuerhalten. Nur unser Ego, das uns von unserem Vertrauen abkoppeln will, behauptet, dass Lebensfreude nur ohne Probleme möglich sei.

> Seit ich mich entschlossen habe, in jedes der Kapitel eine kurze persönliche Geschichte einzuflechten, hatte ich stets schnell eine passende Idee. Jetzt, beim Kapitel über Humor, gerate ich ins Stocken. Hier habe ich am längsten überlegt, was ich schreiben soll, und so richtig ist mir dabei – ehrlich gesagt – nichts eingefallen. Das hat mich erschreckt, weil ich dachte, es kann ja wohl nicht wahr sein, dass ich in meinem Buch die Bedeutung von Humor hervorhebe und selbst kein lebendiges Beispiel dafür finde.
> Natürlich sind mir genügend Anekdoten, lustige Begegnungen und Geschichten eingefallen. Es geht aber hier vielmehr darum, Humor als ein grundlegendes Lebensgefühl im Manifestationsprozess zu be-

schreiben. Hier habe ich erkannt, dass ich wirklich Nachholbedarf habe. Das liegt einerseits an den Lebensumständen der vergangenen Jahre. Andererseits ist Spiritualität einfach nicht lustig, weil wir uns die meiste Zeit mit Veränderung beschäftigen, und diese findet außerhalb unserer Komfortzone statt, aus der wir aufgrund von Problemen herausgefallen sind. Veränderung, Wachstum, spirituelle Entwicklung ... hier fallen uns allen sicher viele Beispiel ein.

Doch wenn wir ganz ehrlich sind, sind diese Erklärungen nur Ausreden, denn Humor hat einfach gar nichts mit der jeweiligen Lebenssituation zu tun. Das ist eines der geschicktesten Täuschungsmanöver des Ego! Humor als grundlegende Lebenshaltung im Manifestationsprozess ist eine Entscheidung, genauso wie die Wahl unserer Gedanken. Es geht nicht darum, situationsbedingt witzig zu sein oder sich auf Kosten anderer zu amüsieren. Dieses kurze Kapitel hat in mir selbst einen nachhaltigen Veränderungsprozess ins Rollen gebracht und zu der Frage geführt: Wie bringe ich mehr Humor als Lebenshaltung in mein Leben?

Wenn ich in einer herausfordernden Situation bin, ist es schwieriger, den Humor und die Lebensfreude zu bewahren. Umgekehrt führen Lebensfreude und Humor definitiv zu Veränderungen der Situation. Es ist also nicht zwingend notwendig, dass Lebensfreude und Humor davon abhängig sind, ob es mir gerade gut geht oder nicht. Warum das so ist, lässt sich relativ leicht erklären. Wenn ich fröhlich bin und lache, kann ich keine negativen Gedanken haben und mich nicht auf die Probleme in meinem Leben fokussieren. Wenn ich positive Gedanken habe, kann ich leichter eine Veränderung manifestieren, denn meine Gedanken ändern meine Realität.

Wenn ich erfolgreich sein möchte und gerade in einer schwierigen Phase stecke, sollte ich versuchen, so viel wie möglich auf die schönen und humorvollen Seiten des Lebens zu achten. Auch wenn dies paradox klingt. Wenn ich lache, bin ich frei. Lachen befreit mich. Lachen schafft eine Auszeit. Lachen entspannt. Wichtig ist, dass dieses Lachen von Herzen kommt, nicht auf Kosten anderer geht oder von Schadenfreude, Sarkasmus oder Galgenhumor herrührt. Das Schwierige an diesem Thema ist, dass es nicht möglich ist, zu definieren, was Lebensgefühl und Humor sind. Das kann nur jeder einzelne Mensch für sich selbst. Bitte machen Sie sich dabei immer wieder bewusst:

Die Situationen in Ihrem Leben sind schwierig, nicht Ihr Leben.

Solange Sie denken, dass Ihr Leben schwierig ist, wird es schwierig bleiben. Differenzieren Sie zwischen Situationen und Ihrem Leben generell. Dann können Sie ein positives Lebensgefühl aufbauen, ohne sich selbst über die Realität der bestehenden Probleme zu belügen.

Wellbeing und Playtime

Wellbeing, Wohlfühlen, ist eigentlich das Wichtigste im Leben, denn das ist der Zustand, in dem wir wirklich loslassen können. Gerade dann, wenn wir erfolgreich sein wollen, viel arbeiten und sehr, sehr fleißig sind, kommt das Wohlfühlen jedoch zu kurz. Irgendwann spüren wir, dass uns die Kräfte ausgehen. Wir beschließen, einen Urlaub zu machen, der dann aber eher ein Kurzurlaub ist, in dem Mobiltelefon und E-Mail immer noch aktiv sind.

Wenn wir erfolgreich manifestieren wollen, ist es wichtig, regelmäßig Zeiten des Wohlfühlens in unser Leben zu bringen. Das sollte nicht nur mit Fitness, Training oder Aktivität gleichgesetzt werden, auch wenn Joggen, Krafttraining, Schwimmen oder andere Sportarten eine wichtige Ausgleichsfunktion haben. Wohlfühlen heißt, zur Ruhe kommen – körperlich, seelisch und geistig. Je mehr Zeit wir verstreichen lassen, ehe wir diese Phasen einbauen, umso schwieriger wird es, in Ruhe und Stille zu kommen. Deswegen sollte dies eigentlich in jeder Woche zu unserem Routineprogramm gehören. Wohlfühlen heißt nicht Luxus. Es kann bedeuten, in der Hängematte zu liegen, bei Sonnenuntergang am See zu sitzen oder ein Spa-Wochenende in einem Hotel zu genießen. Auch sollten wir mindestens einen Abend in der Woche einplanen, an dem wir uns zu Hause wohlfühlen und entspannen. Ein Abend, an dem weder Fernseher noch Computer gebraucht werden. Um entspannen zu können, ist das Schwierigste, was wir brauchen, Selbstorganisation und Disziplin.

Im Englischen gibt es das wunderbare Wort Playtime, Zeit zu spielen. Dies ist ein anderer Bereich des Wohlfühlens. Es ist die Zeit, die wir mit Partner, Familie oder Freunden verbringen. Meist bleibt dazu, wenn überhaupt, das Wochenende übrig, und oft sind wir dann zu müde. Auch dies ist wieder eine Frage von Disziplin und Selbstorganisation. Setzen Sie immer wieder Akzente in Ihrem Terminkalender, die dem Wohlfühlen dienen. Die antiken Philosophen bezeichneten dies als *vita contemplativa*, das entspannende, betrachtende Leben, der Gegensatz zur *vita activa*, dem Leben voller Tätigkeiten.

Nach über 20 Jahren selbst gewählter Abwesenheit nutzte ich endlich wieder eine Gelegenheit, die Bayreuther Festspiele zu besuchen. Ich verbrachte dort eine Woche, um den »Ring des Nibelungen« zu sehen. Dies umfasste vier Opernaufführungen und zwei spielfreie Tage. Es war für mich eine Zeit, in der ich höchst inspiriert war und mich endlich wieder so wohl wie schon lange nicht mehr fühlte.
Ich habe in dieser Zeit an meinem Buch geschrieben. Allerdings nicht wie sonst mit Disziplin, sondern ausschließlich, wenn ich wollte. Ansonsten habe ich meine Gedanken losgelassen und bin für eine Woche in Wagners Welt der Wunder eingetaucht. Das Festspielhaus in Bayreuth ist kein Opernhaus im herkömmlichen Sinn. Wenn man sich dafür öffnet, kann dort eine tiefe Transformation der Seele stattfinden, voller Erlebnisse, Erfahrungen und Emotionen.

4. Säule

> Für mich war diese Woche im August die ideale Form einer *vita contemplativa* und vollendetes Wellbeing. Ich habe mental abgeschaltet und mich in einer Welt von Kunst und Inspiration bewegt. Ich konnte meine Seele baumeln lassen und erlebte tiefe transformierende Prozesse. Eine nachhaltige Zeit des Wellbeings zeichnet sich für mich dadurch aus, dass ich noch lange davon zehren kann. Das Eintauchen in die Erinnerung bringt mich immer wieder an diesen Ort zurück, und ich kann diese positive Energie weiterhin nutzen.

Wenn ich mich entschließe, erfolgreich zu sein, die Absicht aussende, den Käfig der Gedanken zu verlassen, und die entsprechenden Schritte unternehme, wird Erfolg in mein Leben kommen. Das bedeutet, ich werde immer mehr zu tun haben, als ich mir vorstellen kann, denn es werden sich stets neue Möglichkeiten ergeben. Dabei ist es übrigens völlig unerheblich, ob ich mir ein berufliches Ziel setze oder eine Weltreise plane. In dem Moment, in dem ich die Intentionen meines persönlichen Ziels aussende, alle Blockaden beseitigt habe und die entsprechenden Schritte der Manifestation unternehme, wird sich mein Leben massiv beschleunigen. Das ist auf der einen Seite wunderbar, trägt mich und verleiht die sprichwörtlichen Flügel. Auf der anderen Seite muss ich auf mein Wohlbefinden achten, denn sonst werde ich entweder das Ziel nicht erreichen oder so erschöpft ankommen, dass ich es nicht wirklich genießen kann, weil Körper und Geist völlig ausgelaugt sind und ich nicht mehr über ausreichend Energie verfüge.

Das Schwierigste an dem Thema Wellbeing und Playtime ist es, dem eigenen Wohlbefinden und der Gesundheit eine ebenso große Bedeutung zu geben wie geschäftlichen, familiären oder persönlichen Terminen. Dahinter steht wie so oft die Angst, dass etwas nicht gelingen könnte oder ich eine Gelegenheit versäume.

Wenn Sie einmal im Flow sind, werden sich Ihre Ziele Schritt für Schritt durch eine große Anzahl an Ereignissen und Gelegenheiten manifestieren. Jetzt wird das Phänomen auftauchen, dass Sie zunehmend nicht mehr Herr über Ihre Zeit sind, sondern versuchen müssen, immer mehr Termine unter einen Hut zu bringen. Hier lauert eine Falle, denn die meisten Menschen werden versuchen, möglichst viel zu erfüllen. Im Unterbewusstsein arbeitet der Gedanke, dass es schließlich so lange gedauert hat, in den Flow zu kommen, dass er nicht mehr gestoppt werden darf. Damit ist die Türe für Wellbeing und Playtime verschlossen.

Manifestieren Sie, dass Sie immer Herr Ihrer Zeit sind und die Geschwindigkeit Ihres Entwicklungsprozesses bestimmen können.

Wenn es zu viel wird, senden Sie die Absicht aus, dass der Prozess langsamer laufen und dennoch erfolgreich bleiben soll. Die Kontrolle über Ihre Zeit ist ein entscheidender Erfolgsfaktor dafür, dass Sie Ihre Manifestationsaufgaben und spirituellen Übungen in Ruhe erledigen können. Dadurch können Sie von dem Prozess des Erschaffens, in dem Sie einen großen Zeit- und Energieaufwand haben, in den Zustand des Erlaubens kommen.
Jetzt wird das Ergebnis sein, dass Sie ein größeres Pensum in weniger Zeit schaffen und dadurch mehr Zeit für Wellbeing und Playtime nutzen können.

Aktionsschritte »Lebensfreude«

Schönheit

▶ Studieren Sie Menschen, die in Ihren Augen erfolgreich sind, und entdecken Sie, mit welcher Kunst sie sich beschäftigen.

▶ Beginnen Sie, sich mit verschiedenen Arten von Kunst und dem, was für Sie Schönheit bedeutet, auseinanderzusetzen. Sie werden zufriedener. Sie können leichter Ihre positiven Gedanken beibehalten und entdecken vielleicht sogar ein neues Hobby.

▶ Schauen Sie sich im Fernsehen Sendungen und Berichte an, in denen es um Prominenz, einen gewissen Luxus und äußere Erscheinung geht. Das kann ein Bericht über die Oscarverleihung, die Eröffnung der Festspiele in Bayreuth oder in Salzburg, die Wahl zum Sportler des Jahres, Filmfestspiele in Berlin oder Cannes oder das berühmte Pferderennen in Ascot sein, jede Form von Gala, in der es um das Feiern eines erfreulichen Events geht. Tauchen Sie am Fernseher in die Welt der Festlichkeiten ein. Wichtig ist, dass Sie festliche Veranstaltungen mit positivem Inhalt sehen und keine Klatsch- und Tratschsendungen. Denn das freut nur Ihr Ego, und Sie fallen über kurz oder lang aus der angestrebten Haltung der Lebensfreude heraus.

▶ Suchen Sie Orte auf, an denen Luxus verkauft wird. Jede große Stadt hat ihre Luxusmeile: Maximilianstraße in München, Königsallee in Düsseldorf, Champs-Elysées in Paris. Gehen Sie spazieren, betrachten Sie die Schaufenster. Sie müssen nicht in Geschäfte gehen und auch gar nichts kaufen. Schauen Sie sich sozusagen absichtlich die Preise an, und beobachten Sie Ihre Reaktion. Können Sie die Kleidung bewundern, schön

Lebensfreude

finden, oder schreckt der Preis Sie ab? Verspüren Sie vielleicht sogar eine negative Emotion? Wann immer Sie eine Art von negativer Reaktion wahrnehmen, arbeiten Sie an Ihrem Mindset.

- Flughäfen sind hervorragende Orte, an denen Sie die eigene Einstellung zum Thema Erfolg und Schönheit überprüfen können. Gehen Sie auch hier zu den teuersten Geschäften, und freuen Sie sich an den Dingen, die angeboten werden. Überlegen Sie, was Sie gerne hätten und was Ihnen gefällt, auch wenn Sie es im Moment nicht kaufen können. Freuen Sie sich trotzdem. Achtung, hier sitzt eine klassische Ego-Falle: Haben Sie gerade gedacht, das sei eine Verschwendung von Zeit und Geld, oder »bevor ich mir das leiste, hätte ich lieber dieses oder jenes«? Dann hat Ihr Ego Sie wieder mit Mangeldenken versorgt.

- Gehen Sie mindestens einmal im Monat aus: mit Freunden zum Essen, ins Konzert, ins Kino oder auf eine Open-Air-Veranstaltung. Machen Sie sich chic! Hier geht es nicht so sehr um das Materielle, sondern darum, dass Sie sich entscheiden, was Sie ausstrahlen wollen. Wenn Sie ein Date mit einem Menschen haben, in den Sie verliebt sind und sich Hoffnungen machen, dass mehr daraus wird, wie werden Sie sich anziehen? Nun die Preisfrage: Warum machen wir das häufig nur für solch ein Date und nicht grundsätzlich, wenn wir ausgehen? Es geht um *Ihre* Schönheit, die Sie ausstrahlen. Erfolg liebt Schönheit, und wenn Sie Schönheit ausstrahlen, wird er zu Ihnen kommen, sobald Sie im Frieden mit sich selbst und dem Luxus anderer sind.

- Wenn wir von der Arbeit nach Hause kommen, ist meist das Erste, was wir tun, uns umzuziehen. Das macht auch durchaus Sinn, denn der Anzug oder das Kostüm müssen nicht unbedingt im Alltag zu Hause beim Kochen angezogen werden. Aber was ziehen wir stattdessen an? Wir glauben, der Erfolg, den wir uns wünschen, sähe nicht, was wir zu Hause anhaben! Weit gefehlt! Sie können gerne Ihre bequeme Kleidung zu Hause tragen, nur machen Sie einmal die Woche ein Date mit sich selbst aus, und ziehen Sie sich auch am Abend freizeitlich-chic an, so, als ob Sie Freunde zum Essen eingeladen haben.

▶ Durch diese Rituale werden wir daran erinnert, unser positives Selbstbild nach innen und nach außen aufrechtzuerhalten. Ziel dieser Aktionsschritte ist es nicht, zu vermitteln, dass Erfolg in der Anhäufung von Luxus oder materiellem Wohlstand besteht. Vielmehr geht es darum, Ihre Einstellung hinsichtlich Wohlstand und Schönheit zu überprüfen. Dazu löst die äußere Welt eine Reaktion in Ihrer inneren Welt aus, die Sie dann reflektieren und bearbeiten können. Je wichtiger Ihnen beispielsweise Geld ist, umso mehr können Sie verdienen. Wenn Sie Wünsche realisieren und erfolgreich sein möchten, ist es notwendig, herauszufinden, wo Ihre emotionalen blinden Flecken liegen. Nämlich dort, wo Sie sich oder andere beurteilen und abwerten. Wenn Sie mit sich im Frieden sind, können Sie jede Form von Wohlstand und Schönheit anerkennen und werden das haben, was Sie sich wünschen, oder Sie sind bereits auf dem besten Weg, es zu bekommen.

Disziplin

▶ Meditation ist die beste Möglichkeit, sowohl Disziplin als auch Loslassen zu üben. Der Anteil der Disziplin besteht darin, regelmäßig zu meditieren. Der Anteil des Loslassens ist die Meditation selbst. Hier verbinden wir uns mit dem Göttlichen, und unser Geist kann sich in der Leere erholen. Praktizieren Sie täglich morgens zehn bis fünfzehn Minuten Meditation.

▸ Lernen Sie, auf Ihren Atem zu achten. Die meiste Zeit des Tages sind wir uns des Atems nicht bewusst und atmen zu kurz. Nehmen Sie sich Zeit, mehrmals am Tag drei bis fünf tiefe Atemzüge bewusst wahrzunehmen und diese zu genießen. Das sind kurze Auszeiten, die uns dabei helfen, auch in stressigen, disziplinierten Zeiten wieder zur Ruhe und in Kontakt mit uns selbst zu kommen. Unser Alltag ist von kleinen Wartezeiten geprägt, im Zug, an der Kasse im Supermarkt oder wenn der Computer hochfährt. All diese Zeiten können Sie hervorragend nutzen. Hilfreich ist es, wenn Sie sich zu Hause und am Arbeitsplatz kleine Erinnerungsmarker aufhängen.

▸ Hören Sie abends Meditationsmusik. Wichtig ist, dass Sie Ihre Gedanken zur Ruhe bringen. Wenn Sie bemerken, dass Sie beginnen, den nächsten Tag gedanklich vorzubereiten, gibt es zwei Möglichkeiten: Legen Sie sich einen Notizzettel ans Bett, und notieren Sie die Gedanken stichpunktartig. Die zweite Möglichkeit ist, dass Sie sich auf Ihren Atem fokussieren und zehnmal tief ein- und ausatmen. Erfahrungsgemäß wird bei beiden Möglichkeiten der Verstand relativ schnell von selbst zur Ruhe kommen.

▸ Wie viel auch immer Sie arbeiten müssen oder wollen, achten Sie darauf, dass Sie mindestens zwei Tage im Monat frei haben. Ja, Sie haben richtig gelesen. Wenn Sie sich entschlossen haben, in Ihrem Leben Ihr höchstes Potenzial auszuleben, werden Sie sehr viel Arbeit bekommen, und es ist schnell ein ganzer Monat durchgearbeitet. Es kann sein, dass Sie gerade in einem anstrengendem Manifestationsprozess stecken, weil Sie ein Haus bauen, Ihre Praxis eröffnen, einen Fulltime-Job haben und nebenbei noch Ihr neues Geschäft für die Zukunft aufbauen. Das ist nicht besonders ungewöhnlich. Gerade wenn Sie sich entschlossen haben, etwas Neues zu wagen und Ihrem Leben eine neue Richtung geben möchten, sind erst einmal Disziplin und Arbeit notwendig. Zwei Tage frei sind nicht viel. Deswegen heißt »frei« auch wirklich frei. Erziehen Sie sich dazu, an diesen Tagen Computer und Telefon nicht zu benutzen. Unternehmen Sie etwas mit Ihrer Familie, mit Freunden oder auch allein, um auszuspannen. Wenn Sie dies in einer intensiven Arbeitsphase das erste Mal machen, werden Ihnen ständig Dinge einfallen, die dringend gemacht werden müssen. Dann ist es wirklich höchste Zeit zum Loslassen, sonst übersehen Sie die Zeichen und gefährden oder verzögern Ihren Manifestationsprozess.

▶ Erfolg bedeutet, sich einen Wunsch zu erfüllen, ein Ziel zu erreichen. Das kann ein bestimmter Karriereschritt, eine dreimonatige Reise durch Südamerika, das neue Haus oder der lang ersehnte Lebenspartner sein. Disziplin bedeutet, dass Sie sich möglichst jeden Tag mit Ihrem Ziel beschäftigen. Nehmen Sie sich Zeit zu visualisieren, dass Sie das Ziel bereits erreicht haben, und spüren Sie die Emotion des Erfolges. Unternehmen Sie jeden Tag ein halbe Stunde etwas, um Ihr Ziel zu erreichen.

▶ Praktizieren Sie diszipliniert Dankbarkeit. Beginnen und beenden Sie den Tag mit einem Gebet der Dankbarkeit für alles, was Sie haben, und für alles, was Sie sind.

Humor

▶ Vermeiden Sie Filme im Fernsehen oder im Kino, die Probleme thematisieren, unabhängig davon, wie hochwertig, anspruchsvoll und berühmt die Filme sind. Während des Zusehens sind Sie abgelenkt. Dennoch wird Ihr Unterbewusstsein stets mit Problemen und den dazugehörigen Bildern versorgt. Das verstärkt Ihr Problembewusstsein und gibt Ihrem Ego leichter die Möglichkeit, Sie davon zu überzeugen, wie schlimm Ihr Leben gerade ist.

▸ Suchen Sie Ihr Kino- oder Fernsehprogramm gezielt nach lustigen Filmen aus. Es geht dabei nicht unbedingt um das künstlerische Niveau, sondern darum, dass Sie Spaß haben, lachen können und einen schönen Abend haben. Soweit möglich, ist es besser, ins Kino zu gehen, als Filme zu Hause anzusehen, weil Sie dann Ihr gewohntes Umfeld verlassen, sich mit Freunden verabreden, sich chic anziehen können und somit weitere positive Faktoren der Manifestation aktivieren können.

▸ Genießen Sie das Leben. Je unmöglicher Ihnen das im Moment erscheint, umso wichtiger ist es. Ich bin mir dessen bewusst, dass es Lebenssituationen gibt, in denen dies schwierig umzusetzen ist. Versuchen Sie es dennoch. Ein häufiger Glaubenssatz zum Thema Lebensfreude ist, dass wir dazu Geld benötigen. Lebensfreude kommt jedoch von innen, Sie brauchen also nicht viel Geld. Überlegen Sie, was Sie gerne machen, wo es Ihnen gut geht. Das kann ein Café im Freien, ein schattiger Platz an einem Brunnen oder eine Wiese im Park sein. Wichtig ist, dass Sie aus der gegenwärtigen Situation herauskommen und im wahrsten Sinne des Wortes unter Leute gehen. Versuchen Sie möglichst, nicht allein unterwegs zu sein, sondern verabreden Sie sich. Sprechen Sie über positive Dinge. Benutzen Sie diese Treffen nicht, um anderen Ihr Leid zu klagen. Natürlich ist es wichtig, sich mit Freunden über die persönliche Situation auszutauschen, sich auch einmal »auszuheulen« und um Rat zu fragen. Aber machen Sie dafür ein anderes Treffen aus. Mit jedem positiven Gedanken oder Satz verändern Sie Ihre Realität, auch wenn Sie dies nicht sofort bemerken. Lassen Sie nicht zu, dass Sie über Ihr eigenes Leben negativ denken.

4. Säule

Wellbeing und Playtime

▶ Der wichtigste Schritt, um Wohlbefinden kontinuierlich und sinnvoll in Ihr Leben einzubauen, ist Planung. Das klingt zwar widersprüchlich, aber es wird garantiert nicht funktionieren, wenn wir denken, dass irgendwann schon Zeit dafür sein wird. Es gibt dann immer etwas anderes, anscheinend Wichtigeres zu tun. Setzen Sie sich daher Termine und Prioritäten.

▶ Wellbeing: Planen Sie Ihre *vita contemplativa* mit konkreten Terminen zur Entspannung, und legen Sie fest, was sie tun werden: Badewanne, Sauna, Dampfbad, Hängematte, einen Roman lesen, was auch immer Sie zur Ruhe bringt. Stellen Sie sicher, dass Ihre Aktivität nichts mit Ihrer Arbeit oder Ihren Projekten zu tun hat. Wundern Sie sich nicht, wenn Sie dabei sehr schnell müde werden. Ihr Körper nutzt jede Möglichkeit zur Erholung, die Sie ihm geben.

▶ Playtime: Sie können allein oder mit Familie und Freunden etwas unternehmen. Achten Sie darauf, dass Sie auch hier ein Gleichgewicht haben. Wir sind alle ständig von Menschen umgeben, außer wir hüten gerade Kühe auf der Alm oder sind Weltumsegler. Daher ist es manchmal notwendig, auch einmal Dinge allein zu unternehmen. Das klingt zwar widersprüchlich, aber gerade die Fähigkeit, einmal etwas allein zu unternehmen ist wichtig, denn sie ermöglicht mir, das Leben zu genießen. Gleichzeitig öffne ich mich damit für Inspiration und neue Ideen. Planen Sie Ihren Kinobesuch, Konzertabend oder Besuch bei Freunden fest ein. Es gibt Menschen, die aufgrund ihrer sozialen oder beruflichen Situation ohnehin viel allein sind. Dann ist ein Gegenpol wichtig, gehen Sie unter Menschen. In diesem Fall ist es sehr hilfreich, eine organisierte Aktivität zu wählen: Studienreise, Tanzkurs oder Sport. Achten Sie darauf, dass Sie Aktivitäten wählen, bei denen Sie auch aktiv sind und in Kontakt mit anderen treten »müssen«, sonst sind Sie nur in Gesellschaft allein.

▶ Tragen Sie die Termine in Ihren Kalender ein, und geben Sie diesen höchste Priorität, auch wenn ein noch so wichtig erscheinender Termin droht, Ihnen in die Quere zu kommen. Stellen Sie sich vor, was Sie machen, wenn Sie schon einen anderen sehr wichtigen Termin hätten, den Sie nicht verschieben könnten. Behandeln Sie Ihre Termine für Wellbeing und Playtime mit der gleichen Priorität. Es kann sein, dass Sie einmal etwas verschieben müssen, aber denken Sie sofort daran, einen realistischen neuen Termin festzulegen, denn das Gleiche würden Sie machen, wenn Sie mit zwei verschiedenen gleichwertigen Geschäftsterminen jonglieren müssten.

Affirmationen

Ich genieße die schönen Seiten meines Lebens.

Ich öffne mich für Wohlbefinden und Gesundheit.

Ich liebe mein Leben
    und freue mich über die positiven Veränderungen.

Mit Leichtigkeit kann ich
    zwischen Disziplin und Loslassen unterscheiden.

5. Säule

Wachstum

> »Dass ich erkenne,
> was die Welt im Innersten zusammenhält«
> Johann Wolfgang von Goethe

Wir befinden uns mit diesem Kapitel nun in der Mitte der Brücke. Diese mittleren Säulen halten die meiste Spannung und tragen die größte Last. Wachstum bedeutet nicht immer nur Vermehrung, sondern auch stetige Verjüngung und Erneuerung. Ein Baum beispielsweise wächst nur zu bestimmten Zeiten und nach seinen eigenen Gesetzmäßigkeiten. Wachstum kann daher auch Stagnation und Ruhe bedeuten. Wachstum, das Erfolg kreiert, besteht nicht aus einer linearen Steigerung. Stattdessen ist dieses Wachstum zyklisch. Begrenzungen setzen nur wir selbst uns durch unsere Einstellung zum Wachstum.

Wenn wir erfolgreich sein wollen, müssen wir bereit sein, »mehr« erschaffen zu wollen. Der Baum wächst nicht nur nach oben, sondern auch sein Stamm wird stärker und die Wurzeln graben sich tiefer ein. Die Vermehrung des Wachstums bedeutet nicht immer oder nicht nur mehr Geld und Aufträge, sondern auch Investition, Arbeit und Zeit. Wachstum anzustreben gehört dazu, wenn Sie Erfolg haben möchten. Wenn Sie an dieser Stelle Schwierigkeiten haben, vielleicht verärgert sind, dann ist es wichtig herauszufinden, was Ihren Unmut erregt. Dies ist unter Umständen einer der Gründe, warum Sie an die Grenzen Ihrer Manifestationskraft kommen.

Ich möchte versuchen, Ihnen Wachstum als natürlichen Prozess an einem Beispiel aus der Natur zu erklären, denn die Natur ist das vollendete Vorbild des Lebens, und alle Gesetzmäßigkeiten finden sich hier. Wenn ein Eichensamen auf den Boden fällt, entwickelt sich eines Tages eine Pflanze, dann ein kleiner Baum, und schließlich viele Jahre später eine riesige Eiche, die sehr alt werden kann, wenn der Mensch sie nicht zerstört. Beschließt dieser Baum von Anfang an, dass er nicht ewig wachsen möchte? Sagt er sich irgendwann, dass es genügt, zwei Meter hoch zu sein? Nein, das Gegenteil ist der Fall. Der Baum möchte wachsen, strebt nach oben, und je mehr er wächst, umso stärker und schöner wird er. Natürlich ist der Baum irgendwann tatsächlich ausgewachsen, aber erst nach vielen Jahren – und wenn sein Wachstum erfolgreich war, ist das die Garantie dafür, dass er sehr lange die Größe halten kann. Natur will Wachstum, denkt nicht in Begrenzung, sondern sie genießt das Wachstum. Von der Eiche fallen Samen zu Boden, werden vom Wind fortgetragen, und an anderen Stellen wachsen neue Eichen. Selbst wenn der Baum ausgewachsen ist, wird er dadurch weiterhin für Wachstum sorgen. In der Natur gibt es kein ausschließlich individuelles Wachstum, sondern alles ist mit allem verbunden und wächst miteinander.

Noch ein zweites Beispiel, das zeigt, warum die Natur Wachstum liebt: Stellen Sie sich ein Haus vor, das nicht mehr bewohnt ist und inmitten eines schönen Gartens steht. Das Haus wird im Laufe der Jahre verfallen, marode werden und einstürzen. Der Garten wird weiter wachsen, das Haus überwuchern. Neue Pflanzen und Bäume entstehen. Was der Mensch erschaffen hat, verfällt in dem Moment, in dem er es nicht mehr pflegt. Die Natur hingegen setzt immer auf Wachstum aus sich selbst heraus, ist in sich unbegrenzt und kann sich deshalb nicht selbst zerstören.

Wachstum bedeutet, dass genügend für alle vorhanden ist, und es ist ein natürlicher Prozess.

Allerdings bedeutet dies für uns, die Gesetze des Wachstums stets zu beachten. Immer wieder versucht der Mensch, diese Gesetzmäßigkeiten außer Kraft zu setzen. Wie wir am Verlauf der Geschichte der Industrialisierung sehen können, ist dies möglich, nur ist das Ergebnis auf Dauer nicht tragfähig. Ein Baum wächst nur so viel, wie es für ihn gesund ist, und sorgt jederzeit dafür, dass etwas Neues entsteht. Das unterscheidet ihn vom Menschen.

Als Selbstständiger habe ich wenig Einfluss auf den Zahlungseingang meiner Honorare. Angestellte wissen, dass an einem bestimmten Tag das Gehalt auf ihr Konto überwiesen wird. Insofern stellt sich für mich immer die Frage, wann ich meine eigenen Rechnungen bezahle. Denn schließlich will ich auf ein ordentliches »Cashflow-Management« achten. Dies führte dazu, dass ich mir überlegt habe, die eine oder andere Rechnung erst zu bezahlen, wenn bei mir der Zahlungseingang eines Honorars erfolgt war. Mein Honorar und die Rechnungen haben jedoch nichts miteinander zu tun.
Ich habe nur das Wachstum einer anderen Firma an mein Wachstum gekoppelt – und das war fatal. Denn ich musste daraufhin teilweise sehr lange auf meine Zahlungseingänge warten. Das führte bei mir zu einer Fokussierung auf den Mangel des Zahlungseingangs. Das Ergebnis war dann, dass es teilweise noch länger gedauert hat.
Dann habe ich eines Tages beschlossen, jede Rechnung möglichst sofort zu bezahlen, und habe die Absicht ausgesendet, dass ich ab sofort alles schnellstmöglich und gerne (das ist sehr wichtig) bezahle. Das Ergebnis war, dass sich meine Zahlungseingänge innerhalb kürzester Zeit beschleunigt haben. Im Austausch mit Kollegen habe ich teilweise festgestellt, dass mein Honorar manchmal früher als bei ihnen einging. Dies hatte nichts mit persönlichen Kontakten zu tun, denn die Buch-

haltungen unserer Auftraggeber kennen keinen von uns persönlich. Auf die Frage meiner Kollegen, wie das sein könnte, antwortete ich: »Weil ich meine Rechnungen sofort bezahle.«

Ich sorge also für das Wachstum anderer. Das ist der Eichensamen, der vom Wind an einen anderen Ort getragen wird und aus dem dort ein neuer Baum wachsen wird. Dadurch trete ich in Resonanz mit dem Wachstumsbegriff, und dies zeigt sich in der dreidimensionalen Welt zum Beispiel durch zügige Zahlungen.

Wachstum wird von zwei Komponenten bestimmt, dem eigenen Wachstum und dem der anderen. Der Baum sorgt dafür, dass etwas Neues entsteht, an einem anderen Ort und ohne dass der ursprüngliche Baum auf irgendeine Art einen Vorteil davon hat.

Ähnlich müssen wir wirtschaftliches Wachstum betrachten. Wir schauen auf uns selbst, sorgen für unser Wachstum und geben Informationen und Wissen weiter, sodass anderswo ebenso Erfolg entstehen kann. Wenn ein Baum durch den Wind seine Samen verbreiten lässt, ist das letztlich auch »nur« die Information für einen neuen Baum. Für uns bedeutet dies, dass wir Kontakte, Ideen, Geld, Wissen und Möglichkeiten teilen und weitergeben sollten. Der Baum macht sich schließlich auch keine Gedanken über Konkurrenz oder dass irgendwo anders ein größerer Eichenhain entstehen könnte.

Das Gesetz von Zyklus und Wiederkehr

Wachstum erfolgt stets zyklisch. Prozesse kehren immer wieder. Nehmen wir noch einmal das Beispiel unseres Baumes:
Im Frühjahr beginnt er zu grünen, die Blätter sprießen, er gedeiht und wächst, wird größer und schöner, bis im Sommer bereits die ersten farbigen Blätter sichtbar werden. Im Herbst verliert er die Blätter, Äste fallen herab, im Win-

ter sieht er kahl, trostlos und sogar hässlich aus. Aber niemand macht sich Sorgen, dass der Baum jetzt für lange Zeit oder sogar für immer so aussehen könnte. Im Gegenteil: Wir freuen uns darauf, dass er bald wieder grün wird, die Blätter sprießen und er im Frühjahr in neuer Pracht und vielleicht sogar noch größer und schöner erstrahlen wird. Genauso verhält es sich mit unserer Arbeit, einem Unternehmen und der Wirtschaft. Nur versuchen wir, diese Gesetze außer Kraft zu setzen und die Wachstumsphase zu verlängern, die Ruhephase am besten auszuschalten, und wundern uns schließlich, wenn die Wirtschaft Schwierigkeiten bekommt.

Ich glaube nicht, dass es viele Wirtschaftsbereiche gibt, die diesen natürlichen Wachstumsprozessen und Gesetzmäßigkeiten folgen. Die wirtschaftlichen Probleme und Krisen, die es gab und gibt, sind ins Extreme gestiegene, überdüngte Wachstumsprozesse, bei denen das Gesetz von Zyklus und Wiederkehr nicht berücksichtigt wurde. Je mehr Menschen Firmen gründen, die diesen Gesetzmäßigkeiten folgen, umso besser ist es für eine Volkswirtschaft, weil sich diese dadurch von innen heraus verändert. Jeder von Ihnen, der sein eigenes Unternehmen aufbaut, sei es zum Vollerwerb, in Teilzeit oder als zusätzliche Tätigkeit, kann zur Veränderung beitragen.

Das Gesetz von Zyklus und Wiederkehr besagt, dass es immer Zeiten geben wird, in denen es mehr gibt, seien es Aufträge, Umsätze oder Geschäfte, und Zeiten, in denen es weniger gibt. In den sogenannten guten Zeiten arbeiten wir viel und nehmen uns oft zu wenig Zeit und Ruhe, um in Dankbarkeit auf das zu sehen, was wir haben. In den »schlechten« Zeiten beklagen wir uns über Umsatzrückgang und Schwierigkeiten, anstatt uns an die guten Zeiten, die bereits da waren, zu erinnern und uns auf die kommenden guten Zeiten vorzubereiten. Das Wichtigste ist zu erkennen, dass es keine guten oder schlechten Zeiten, Boom und Rezession gibt.

5. Säule

Das sind Bewertungen, die Umsatzzahlen messen und dementsprechend zwischen positiv oder negativ unterscheiden. Bei den Jahreszeiten sind wir uns auch immer sicher, dass auf den Winter der Frühling folgt, und wir freuen uns darauf – und ebenso sollten wir es mit der Entwicklung unserer Firma tun.

Das Gesetz von Zyklus und Wiederkehr bedeutet nicht, dass es uns sozusagen ab und zu einmal schlecht gehen muss oder wir durch eine Krise müssen, damit wir uns auf die besseren Zeiten freuen können. Im Gegenteil: Dem Baum geht es im Winter nicht besser und nicht schlechter als im Sommer. Er sieht nur nach *menschlichen Maßstäben* nicht so schön aus! Für alle gilt das universelle Gesetz der Fülle: Es ist immer genügend vorhanden.

Das Gesetz von Zyklus und Wiederkehr bedeutet Folgendes:

- Es gibt Zeiten von Wachstum und Rückzug. In jeder dieser Phasen sind unterschiedliche Dinge zu tun. In der Wachstumsphase bauen wir auf, expandieren und investieren und setzen neue Ideen um. In der Rückzugsphase erholen wir uns, suchen nach neuen Impulsen, lassen los, bringen Ordnung in Dinge, die während der Wachstumsphase durcheinander geraten sind, und bereiten uns auf die nächste Wachstumsphase vor.

- Wenn heute etwas noch nicht funktioniert oder ich einen Auftrag verliere, wird dies zu einem späteren Zeitpunkt, wahrscheinlich sogar in noch besserer Form, in mein Leben kommen. Ob das passiert oder nicht, hängt ausschließlich von der Qualität meiner Gedanken und Emotionen zu diesem Ereignis ab.

In jeder der beiden Phasen, Wachstum und Rückzug, ist immer genügend vorhanden. Rückzug bedeutet nicht Mangel. Vielleicht haben wir Erfahrungen im Leben gemacht, in denen das so gewesen sein mag und möglicherweise noch heute so ist. Doch ist hier wirklich eine radikale Veränderung der Denkweise notwendig. Weil das Gesetz von Zyklus und Wiederkehr immer wieder in unser Leben tritt, unsere wirtschaftliche Situation aber häufig nicht stabil ist, hat unser Unterbewusstsein folgende Gleichungen aufgestellt:

Wachstum = Fülle
Rückzug = Mangel

Ich bin davon überzeugt, dass bei vielen Menschen diese Gleichungen im Unterbewusstsein aktiv sind. Unsere Gedanken und Emotion erschaffen unsere Realität, und daher kann es zunächst auch gar nicht anders sein, als wir erhoffen oder befürchten. Erst wenn wir diese Gleichungen aufgelöst haben, wird sich etwas verändern. Wachstum und Rückzug hängen nicht mit Umsatz und Geld zusammen – außer wir denken das.

Die Antwort auf die Frage, warum das nicht so ist, findet sich auch wieder in der Natur. Nach dem Gesetz der Entropie kann Energie nicht verloren gehen, sondern sie wird stets in eine andere Form umgewandelt. Das Problem ist, dass diese umgewandelte Energie, vereinfacht gesagt, für uns nicht mehr nutzbar ist. Ein Beispiel: Wir lassen einen Ball über eine Wiese rollen. Irgendwann wird er aufhören zu rollen, weil er aufgrund von Reibung gestoppt ist und keine neue Energie zugeführt wird. Wo ist nun die Energie, die vorher den Ball bewegt hat? Durch die Reibung ist die Energie in Wärme umgewandelt worden, die für uns aber weder messbar noch nutzbar ist. Beim Thema Wachstum gilt das Gesetz der Entropie: Fülle kann nicht verloren gehen.

5. Säule

Wie soll das jedoch funktionieren, wenn es beispielsweise definitiv an Geld fehlt, weil die Umsätze in meinem Geschäft gesunken sind? Dies verursachen die oben beschriebenen Gleichungen. Tatsächlich verhält es sich beim Thema Geld ähnlich wie bei der Energie. Geld folgt immer der Intention. Wenn Rückzug in meinem Glaubenssystem Mangel bedeutet, kann kein Geld kommen. Die Fülle – das Geld – wird anders verwendet. In Zeiten des Rückzugs nehme ich das Geld für mich selbst für die oben beschriebenen Aufgaben. In Zeiten des Wachstums bringe ich das Geld wieder nach außen in Umlauf.

Aber nochmals, das funktioniert nur, wenn ich in meinem Bewusstsein die beiden Gleichungen aufgelöst habe. Ich muss sie durch die Überzeugung ersetzen, dass immer genügend vorhanden ist, denn der Fokus auf einen möglichen Umsatzrückgang führt zu Umsatzrückgang.

> Vor einiger Zeit hatte ich einen neuen Kunden, mit dem ich verschiedene Termine für das laufende Jahr vereinbart hatte. Die Seminare fanden statt, und so weit waren auch alle zufrieden. Dann rief mich der Kunde an und sagte einen Termin ab. Er entschuldigte sich, weil ihm die Zuverlässigkeit, Termine einzuhalten, sehr wichtig war. Ich war zunächst verärgert. Doch dann beschloss ich loszulassen und dachte mir, dass es wohl so sein sollte und ich die Zeit anderweitig sinnvoll nutzen könnte. Einige Tage später telefonierte ich nochmals mit meinem Kunden und erzählte ihm, dass es für mich völlig in Ordnung sei, dass der Termin ausfalle. Alles, was ich losließe, käme zu mir zurück. Es gäbe Zeiten von Wachstum mit vielen Aufträgen und solche von Rückzug, in denen ich mich mit anderen Dingen beschäftigen könne. Dem Kunden war die Denkweise nicht besonders vertraut, und er reagierte eher irritiert, war jedoch letztlich froh über die positive Regelung. Ich war mir sicher, dass ich von irgendwoher zu diesem oder einem anderen Zeitpunkt einen neuen Auftrag bekommen würde. Wenn die Partner offen und fair miteinander umgehen, gleicht sich alles aus. Ich war also

im Einklang mit dem Gesetz von Zyklus und Wiederkehr. Schließlich kam es noch besser, als ich erwartet hatte. Etwa drei Wochen vor dem ursprünglichen Termin wurde das Seminar doch wieder zugesagt. Ich bin überzeugt, wenn ich mich wegen der Absage mit negativen Emotionen verbunden hätte und mich auf »Umsatzrückgang« fokussiert hätte, wäre der Termin nicht mehr zustande gekommen.

Ich bin mir dessen bewusst, dass dies ein Ansatz ist, der Ihre Gedanken und Ihre Geduld strapaziert, vor allem, wenn Sie vielleicht gerade in einer finanziell schwierigen Phase stecken.
Seit dem Erscheinen des Films »The Secret«[5] hat die Anzahl der Literatur über Manifestation immens zugenommen. Dies zeigt, dass die Zeit endlich gekommen ist, sich aus den gedanklichen Abhängigkeiten zum Thema Geld zu lösen. Über Hunderte von Jahren haben wir das positive Bewusstsein dazu verloren, und die Verantwortung für unser Denken ist uns abgenommen worden. Interessanterweise erscheinen in letzter Zeit immer mehr sehr gute Bücher zum Thema Geld. Die Essenz der Bücher ist hier ähnlich wie bei denen zur Manifestation:

**Wir sind selbst dafür verantwortlich,
dass Geld in unser Leben kommt.**

Wir leben wirtschaftlich und finanziell gerade in schwierigen, aber auch sehr spannenden Zeiten, denn wir werden gezwungen, die Verantwortung für unser Leben auch in finanzieller Hinsicht zurückzuerobern.
Ich weiß aus eigener Erfahrung, dass es ein langer und auch schwieriger Prozess sein kann, Schritt für Schritt die begrenzenden Muster auszutauschen. Natürlich muss auch ich, wie jeder andere auch, täglich boykottierende Gedanken und Handlungen erkennen und verändern.

---

[5] Rhonda Byrne: The Secret – Das Geheimnis, 2007.

Das Gesetz der Resonanz

Das Gesetz der Resonanz lässt sich anhand eines Beispiels mit zwei Stimmgabeln erklären. Wenn zwei Stimmgabeln jeweils in einer Hand gehalten werden und eine der beiden angeschlagen wird, schwingt die zweite von selbst mit. Das heißt, wenn Schwingung eine bestimmte Resonanz hat, die mit der Schwingung eines Partners, in diesem Fall die zweite Stimmgabel, korrespondiert, wird der Partner aktiv. Er beginnt ebenfalls zu schwingen.

Ob Dinge in unserem Leben funktionieren oder nicht, hängt von der Resonanz ab, auf der wir schwingen und auf die wir treffen. Umgangssprachlich sagt man auch, »die Chemie stimmt«. Wollen wir unseren Manifestationsprozess ins Fließen bringen, verbessern oder steigern, ist das Gesetz der Resonanz ein entscheidender Faktor. Oder umgekehrt, funktionieren die Dinge nicht so, wie wir es uns wünschen, müssen wir unsere Resonanz verändern.

Die *erste* Frage ist also: Was kann ich tun oder verändern, dass sich meine Kunden und Klienten in Resonanz mit meiner Arbeit, mir selbst oder meinem Produkt befinden? Die häufigste Blockade besteht darin, dass der Manifestationsprozess mit »wollen« anstatt mit »ermöglichen« gestartet wird. Wir versuchen, den Weg und »das Wie« zu gestalten, anstatt das Ziel und das Ergebnis zu visualisieren. Im genannten Beispiel kümmern wir uns nicht darum, wie die Schwingung von einer zur anderen Stimmgabel kommt.

Wir kümmern uns nur um das Ergebnis.

Allzu oft versuchen wir jedoch, den Weg festzulegen, oder meinen, es tun zu müssen, weil wir uns keine andere Möglichkeit vorstellen können. Das ist, als ob wir ein Hindernis zwischen die beiden Stimmgabeln bringen, sodass die Schwingung nicht ankommt. Nun fragen wir uns, was wir falsch machen, da es doch bei anderen funktioniert und bei uns selbst auch schon oft geklappt hat. Doch plötzlich bleiben die Erfolge aus, denn wir haben die Resonanz unterbrochen.

Der *zweite* Hauptgrund für die fehlende Resonanz ist der unzureichend genutzte oder verloren gegangene Kontakt zu unserer göttlichen Führung, zu Gott. Dieser Kontakt ist notwendig, damit wir vertrauensvoll das Ziel visualisieren und manifestieren können. Damit wir die richtigen Schritte auf dem Weg zu unserem Ziel machen, benötigen wir die Informationen unserer göttlichen Führung. Intuitiv handeln heißt, im richtigen Moment das Richtige zu tun, ohne exakt zu wissen, warum oder woher diese Idee kommt. Dann sind wir mit dem universellen Wissen verbunden. Es gibt zahlreiche Möglichkeiten, diese Verbindung herzustellen, und viele Menschen tun dies, ohne es zu wissen. Angst und fehlendes Vertrauen sind hingegen die Ursachen, die unsere Verbindung mit unserer göttlichen Führung unterbrechen.

Der *dritte* Grund für die Resonanzblockade sind die Gedanken, die sich zu intensiv auf das, was gerade in unserem Leben falsch läuft, und all die Dinge, mit denen wir nicht zufrieden sind, ausrichten. Wir achten dann auf die vielen Aspekte, die nicht funktionieren. Damit treten die vielen positiven Seiten unseres Lebens in den Hintergrund, weil sie als selbstverständlich angesehen werden. Machen wir uns immer wieder bewusst, dass nichts selbstverständlich ist, sondern alles jeden Tag aufs Neue unsere Wertschätzung verdient, auch wenn es wirklich alltäglich und banal erscheinen mag.

Die *vierte* Ursache sind die Emotionen, die mit unseren Gedanken verbunden sind. Denn wenn Dinge nicht funktionieren oder sich kein Erfolg einstellt, geht das mit Empfindungen wie Wut, Enttäuschung oder Frustration einher. Durch die Kontrolle der Gedanken werden sich unsere Emotionen verbessern. Gefühle sind einerseits die Türe zu unserem Unterbewusstsein und andererseits

5. Säule

die Spielwiese für unser Ego. Insofern zeigen Emotionen, welche Muster und Programme uns in unserem Unterbewusstsein blockieren, und sie helfen uns zu erkennen, wenn unser Ego wieder einmal versucht, die Kontrolle über unser Leben zu bekommen.

Eine gute Technik, um dauerhaft mit dem Gesetz der Resonanz in Verbindung zu stehen und sich dabei auch immer wieder zu überprüfen, ist die Arbeit mit »manifesting points«. Das sind Zwischenschritte der Ziele, die Sie erreichen möchten. Achten Sie darauf, dass diese realistisch sind und dem höchsten Wohl aller dienen. Ich habe hier bewusst einen englischen Begriff gewählt, damit er sich von der Alltagssprache unterscheidet und etwas Besonderes ist. Das Wichtigste am »manifesting point« ist, dass er mit einem für Sie sehr positiven Ereignis verbunden sein sollte.

> Eine meine besonderen Leidenschaften ist das Fliegen. Ich liebe es, im Flugzeug zu sitzen, das Gefühl auf der Startbahn beim Beschleunigen, mag es, in den bequemen Sitz gedrückt zu werden, den Moment des Abhebens zu spüren und in Richtung Himmel zu streben, aus dem Fenster zu blicken und immer höher zu steigen.
> Dieser Moment ist mein persönlicher »manifesting point«, das emotional positiv besetzte Ereignis. Dieses kombiniere ich mit der Vorstellung, dass ich zu diesem Zeitpunkt – wenn ich im Flugzeug sitze – mein Ziel schon erreicht haben werde. So verknüpfe ich die positive Emotion (»fliegen«) mit der Freude, dass ich es bereits geschafft habe (»mein Ziel«). Dann verbinde ich in der Meditation beides miteinander und bringe es in die Gegenwart. Es hängt davon ab, woran ich gerade arbeite und welchen Zeitraum ich für eine Manifestation als realistisch einschätze. Ich visualisiere in meiner Morgenmeditation, dass ich an einem bestimmten Tag im Flugzeug sitze, das Flugzeug von der Parkposition zur Startbahn rollt, beschleunigt, und ich spüre, wie das Flug-

zeug abhebt und in die Luft steigt. Durch das Fenster betrachte ich die Wolken und weiß, dass ich es geschafft habe. Die Arbeit mit dem »manifesting point« funktioniert nach meiner bisherigen Erfahrung zu 100 Prozent. Oder andersherum, alles, was ich durch die Arbeit mit einem »manifesting point« erschaffen habe, ist eingetreten.

Voraussetzung ist, dass ich sowohl mit dem Ereignis, das ich wähle, als auch mit dem Ziel, das ich mir setze, eine große positive emotionale Verbindung herstelle. Wichtig sind realistische Zeitspannen und ein Ziel, das dem Wohl und dem Nutzen aller dient. Wenn Sie eine längere Zeitspanne wählen, ist es besser, die Visualisierung nicht täglich zu wiederholen, denn Sie müssen Ihr Ziel auch loslassen. Achten Sie darauf, dass Sie bei dieser Übung in einer friedlichen Stimmung mit sich und Ihrer Umwelt sind. Die längste Zeit, die ich mit dieser Technik gearbeitet habe, waren acht Monate mit fünf Zielen. Das war mein bisher größter Selbstversuch.

Die Kombination von positiver Emotion und Ziel zu einem »manifesting point« ist energetisch sehr kraftvoll. Benutzen Sie diese Technik niemals aus Konkurrenzgründen oder zur Stimulation Ihres Selbstwertes, und achten Sie auf Ihr Ego. Dies ist für mich eine der besten Übungen, damit ich direkt mit dem Gesetz der Resonanz in Kontakt komme. Die Arbeit mit dem »manifesting point« hilft uns dabei, im Fluss der Manifestationsenergie zu bleiben und gleichzeitig zu erkennen, wenn wir in eine Resonanzblockade kommen. Das erkennen Sie daran, dass Sie die Übung nicht mehr durchführen oder Ihre Emotionen dazu nicht mehr klar, sondern zweifelnd oder zwanghaft sind. Eine solche Blockade lässt sich meist schnell wieder auflösen, und Sie können die Arbeit mit dem »manifesting point« wieder aufnehmen.

5. Säule

Das Gesetz der Harmonie

Das Gesetz der Harmonie besagt, dass wir nur im Einklang mit den Gesetzen des göttlichen Universums erfolgreich manifestieren sollen und letztlich auch können.

Lee Carroll hat dies in seinen »Kryon«-Büchern und Channelings sinngemäß folgendermaßen beschrieben: Es gibt zwei Räume, die durch eine Türe voneinander getrennt sind. Im einen Raum ist Licht, im anderen ist es vollständig dunkel. In beiden können Sie auf der faktischen Ebene der Manifestation erfolgreich sein. Nun wird die Verbindungstüre zwischen den Räumen geöffnet, und vom hellen Raum strahlt Licht in den dunklen Raum. Es wird also, je nachdem wie viel Licht in dem einen Raum und wie groß der Zugang (die Türe) zum anderen Raum ist, im dunklen Raum heller. Im hellen Raum – und das ist der entscheidende Unterschied – wird es nicht dunkler.

Manifestationsprozesse, die absichtslos nach dem Gesetz der Harmonie erzeugt werden, sind in der Lage, Veränderungen bei anderen zu bewirken.

Das Licht in Carrolls Beispiel zum Gesetz der Harmonie ist einfach vorhanden und verändert den dunklen Raum ohne Absicht – ist also vollständig Ego-frei. Es gibt aber auch das »belehrende Licht«. Bei unserem Beispiel sähe das folgendermaßen aus: Aus dem Raum mit dem Licht tritt durch die Türe eine Person mit einer großen Taschenlampe. Sie tritt in den dunklen Raum, verschließt die Türe wieder hinter sich und leuchtet durch den Raum in alle Ecken, an die Decke und auf den Boden, um zu zeigen, wie wenig Licht vorhanden ist und wer sozusagen Besitzer des Lichts ist. Das ist zu 100 Prozent Ego-Aktivität, denn die Person weiß nichts über den anderen Raum, und es ist auch nicht ihre Aufgabe, dem anderen Raum buchstäblich die Erleuchtung zu bringen.

Noch ein Wort zu Türe, die sehr raffiniert ist. Stellen Sie sich diese als Doppeltüre vor, wie es sie oft in Altbauten gibt. Auf beiden Seiten gibt es die Möglichkeit zur freien Entscheidung, die Türe zu öffnen. Unsere Aufgabe ist es nicht, uns von der anderen Seite um die Türe zu kümmern. Vielleicht finden Sie das egoistisch, aber die Zeit der Missionierung ist vorbei. Persönliche Entwicklung und Erfolg nach dem Gesetz der Harmonie wirken positiv auf uns selbst und alle anderen Organismen, mit denen wir in Verbindung stehen. Unser Licht und unsere Energie sind absichtslos, und es kostet uns keine Kraft, diese abzugeben. Manifestation nach dem Gesetz der Harmonie erzeugt positive Energie, die für uns selbst gut ist und gleichzeitig absichtslos die Situation um uns herum verändert.

Allerdings ist es wichtig, sich zu schützen. Ebenso wie wir in dem anderen Raum nichts zu suchen haben, sollten eigentlich Menschen aus dem »dunklen« Raum nicht in unseren kommen, denn sie sollten sich um ihre eigene Entwicklung bemühen. Sie werden dennoch häufig unserem Licht folgen und in unseren Bereich eintreten, gerade weil sie nicht nach den Prinzipien von Liebe, Mitgefühl und Integrität handeln. Wenn das passiert, kostet es uns Kraft und Energie, weil die Gefahr besteht, dass wir mit den Dramen, negativen Emotionen und Ängsten der anderen in Resonanz gehen. Sobald jemand in unseren Bereich eintritt und versucht, an unserer Energie teilzuhaben, müssen wir uns schützen, denn dies kann uns unter Umständen sehr, sehr viel Kraft kosten.

Ich möchte das an einem praktischen Beispiel veranschaulichen. Sicher kennen Sie das Phänomen, dass es Menschen gibt, die einen Raum betreten und etwas sich verändert. Sobald diese Menschen anwesend sind, geht es uns besser, unsere Stimmung steigt, und wir können unsere Arbeit besser machen. Das ist der Fall, wenn die Türe aufgeht und Licht in den bisher dunklen Raum fällt. Wenn nun diese Person immer wieder auf uns zukäme, uns Ratschläge gäbe, uns drängte, bestimmte Bücher zu lesen oder endlich eine Therapie zu machen, verhielte sie sich genauso wie die Person mit der Taschenlampe aus dem anderen Beispiel. Wir würden durch ihr »Mehr«-Wissen bedrängt. Bliebe hingegen diese Person in ihrem Raum und veränderte nur durch ihr Sein absichtslos die Energie, wäre Entwicklung aus uns selbst heraus möglich.

Seit ich mich intensiv mit Spiritualität beschäftige, arbeite ich mit Licht für energetischen Schutz und Reinigung. Dann habe ich eines Tages in einem Buch von Serge Kahili King[6] einen anderen Ansatz gelesen: Die Notwendigkeit, sich zu schützen, entstehe nur, weil man aus seinen Erfahrungen heraus ein gedankliches Konzept aufgebaut habe, dass etwas passieren könnte, und es deswegen notwendig sei, sich zu schützen. Er schlägt stattdessen vor, sich grundsätzlich und regelmäßig mit einem Feld aus Harmonie und Liebe zu umgeben, weil dieses beide Funktionen, Schutz und Reinigung, erfülle.

Nach der Huna-Philosophie, die Serge Kahili King lebt, gilt das als wahr, was funktioniert und erfolgreich ist. Deswegen rät er, verschiedene Ansätze auszuprobieren und zu kombinieren. Dies fand ich einen sehr interessanten Gedanken und habe damit experimentiert. Ich habe begonnen, mich mit einem Energiefeld aus Harmonie und Liebe zu umgeben und es möglichst lange aktiv und stark zu erhalten oder zu erneuern. Wenn ich das Gefühl hatte, dass es nicht ausreiche oder wirke, griff ich zusätzlich auf meine gewohnten Techniken und Methoden zurück.

Die Arbeit mit diesem Energiefeld aus Harmonie und Liebe hat besser funktioniert, als ich dachte. Interessanterweise hat es stets dann nicht ausgereicht, wenn ich dachte, es könnte nicht stark genug sein. Dann fühlte ich mich müde, war leichter reizbar und hatte Mühe, meine innere Ausgeglichenheit zu halten. Dies konnte durch Angst, vorherige

---

[6] Vgl. dazu: Serge Kahili King: Huna: Der hawaiianische Weg zu einem erfüllten Leben. Lüchow Verlag 2007.

Erfahrung oder eine schlichte Vermutung hervorgerufen werden. Das heißt für mich, dass die Notwendigkeit, mich zu schützen, zu allererst davon abhängt, ob ich vermute, dass dies notwendig sei. Die andere Seite ist, dass es natürlich auch aktive Versuche gibt, von meiner Energie zu profitieren. Deswegen will ich mich ja schützen. Jedoch kann ich dies auch mit einem Feld aus Harmonie tun. Ergebnis und Wirkung sind gleich, unterschiedlich ist die Intention. Einmal ist es die Annahme, dass ich mich schützen muss, weil andere meine Energie haben möchten, beim anderen Mal ist es schlicht die Grundhaltung, sich stets mit einem harmonischen Energiefeld zu umgeben – ohne jegliche Vorannahme. Konsequent zu Ende gedacht, ist Schutz also nur notwendig, wenn ich annehme, dass ich ihn benötige und entsprechende Erfahrungen in meinem Unterbewusstsein noch aktiv sind. Dies hat mich zu einer spannenden Annahme gebracht. Wenn ich mich frage, ob das Feld der Harmonie genügt oder ich zusätzlich noch Schutz und Reinigung benötige, führt mich dies direkt zu Blockaden und Ängsten, die ich noch nicht aufgelöst habe. Nun kann ich einerseits die im Moment notwendig erscheinenden »Schutzvorkehrungen« treffen, mich zusätzlich mit einem Feld aus Harmonie umgeben, und andererseits zu einem günstigen Zeitpunkt an diesen Blockaden und Ängsten arbeiten, um sie aufzulösen.

Das Gesetz der Harmonie wirkt auf drei Ebenen:
Liebe, Mitgefühl und Integrität

Liebe ist die facettenreichste und komplexeste Ebene. Im Rahmen des Manifestationsprozesses ist nicht die Liebe auf körperlicher oder seelischer Ebene in Bezug auf einen Partner gemeint. Liebe im Manifestationsprozess bedeutet, aus einer inneren Haltung der Demut und des Dienens zu arbeiten. Hier steht uns ein grundlegender Verständniswandel bevor, denn dies hat nichts mit Selbstaufgabe oder Unterwerfung zu tun. Insofern wähle ich lieber wieder den Begriff »Service«. Es geht darum, dass jeder Manifestationsprozess zum höchsten Wohl von uns selbst, unseren Mitmenschen und allen anderen Lebewesen sein soll. Möchte ich zum Beispiel den Umsatz meiner Firma steigern, werde ich in der Meditation meine göttliche Führung fragen, wie ich zum höchsten Wohl meinen »Service« für die Menschen verbessern kann und dabei erfolgreich bin. Wenn wir dies aus reinem Herzen fühlen, wird sich der Umsatz erhöhen.

Allerdings schläft unser Ego nicht und will aktiv werden. Es wird beispielsweise versuchen, unsere Angst zu wecken, dass nicht genügend Geld da sei. Versuchen Sie dennoch, aus der Kraft von Liebe und Service heraus zu manifestieren. Hat Ihr Ego im Unterbewussten die Angst aktiviert, wird der Prozess schwierig oder gar nicht funktionieren. Bevor wir uns also mit einer Manifestation beschäftigen, müssen wir überprüfen, ob wir unser Ego unter Kontrolle haben oder noch irgendwelche Ängste bestehen. Aus Liebe zu manifestieren bedeutet, angstfrei zu manifestieren. Dies bewirkt unglaubliche Ergebnisse in teilweise unvorstellbarer Geschwindigkeit. Die Angst dagegen wirkt wie ein Bremspedal. Zunächst bremst sie mich nur ein bisschen und schließlich immer mehr, bis die Bremsen wie bei einem Auto blockieren. Mit Liebe können wir zum höchsten Wohl aller arbeiten, weil wir keine Sorgen, Zweifel oder Ängste haben, dass es nicht funktionieren könnte. Wenn dies gelingt, haben wir neben dem erwünschten Ergebnis auch noch ein unglaubliches Gefühl von Glück und Zufriedenheit.

Die Ebene *Mitgefühl* bildet sozusagen den Antagonisten zu unserem Ego und unserem inneren Kind. Mitgefühl heißt nicht Mitleid, denn Mit-Leid bedeutet, dass wir uns ebenfalls in den Schmerz und die Gefühle anderer hineinversetzen. Dann verlassen wir jedoch unsere Mitte. Mitgefühl ermöglicht Distanz, ohne dass wir direkt in die gleiche emotionale Situation geraten. Dennoch können wir andere Menschen durch unser Handeln und Fühlen unterstützen. Natürlich kommt jeder von uns immer wieder, je nach Nähe zu der entsprechenden Person oder Situation, in ein Gefühl von Mitleid hinein. Das ist menschlich, normal und auch eine positive Eigenschaft. Damit Sie anderen wirklich helfen können, müssen Sie jedoch Mitgefühl *und* Distanz herstellen. Wir können das mit dem Retten eines Ertrinkenden vergleichen. Wenn wir hinschwimmen und uns von dem Ertrinkenden mitreißen lassen, werden wir ebenfalls ertrinken. Wir brauchen aber all unsere Kraft und Klarheit, um diesem Menschen helfen zu können. Mitgefühl ist das Werkzeug, das wir benötigen, um in der Welt von Dualität, Herausforderungen, Verletzungen, Niederlagen und Ängsten positiv zu bleiben. Mitgefühl beherrscht unser Ego und liebt unser inneres Kind.

Mitgefühl enthält noch eine weitere Komponente: Verzeihen. Üblicherweise verstehen wir unter Verzeihen, dass wir Geschehenes ausblenden, vergessen oder so tun, als ob es sich nicht ereignet hätte. Verzeihen bedeutet aber auch, dass wir nicht mehr unter einer vergangenen Tat oder einem bestimmten Verhalten leiden. Das heißt nicht, dass wir es gutheißen müssen. Wenn wir unter den Folgen einer Situation leiden, sind wir mit unseren Emotionen nicht im Reinen, und möglicherweise bewerten, schimpfen oder beschuldigen wir eine Person. Immer wenn unsere Emotionen aus dem Gleichgewicht geraten, übernimmt das Ego die Kontrolle. Wir bremsen uns selbst und schränken unsere Fähigkeiten ein. Verzeihen bedeutet, nicht mehr zu leiden. Aber Vorsicht, auch hier lauert unser Ego. Wir können zwar sagen, dass wir nicht mehr unter etwas leiden. Aber falls wir uns gleichzeitig freuen, wenn die entsprechende Person eine Strafe bekommt, oder sogar wütend sind, wenn die Strafe oder Sanktion aus unserer Sicht zu milde ausfällt, dann hat uns eine Illusion des Ego getäuscht.

Beschreiben die Ebenen Liebe und Mitgefühl den inneren Prozess des Manifestierens, so ist die *Integrität* für den Kontakt mit der Außenwelt zuständig. Sie ist die Energie zwischen uns und anderen während des Manifestationsprozesses. Integrität bedeutet mehr als die Wahrheit zu sagen oder zum Beispiel keine überhöhten Rechnungen zu schreiben, um sich zu bereichern. Das sind

5. Säule

Handlungen, die aus Integrität erfolgen. Im göttlichen Universum ist immer bekannt, welche Prinzipien in der Realität gelten. Integrität ist vergleichbar mit der Achsenspiegelung in der Mathematik. Der Punkt auf der einen Seite im Koordinatenfeld spiegelt sich exakt im daneben liegenden Feld wider. Integrität ist immer auch Energie. Wenn die Energie einer Situation so, wie sie im göttlichen Feld vorgesehen ist, mit unseren Handlungen nicht übereinstimmt, gibt es eine Dissonanz. Wenn ich beispielsweise bei einem Sachverhalt unwahre Informationen hinzufüge, um zum Beispiel abzulenken oder zu täuschen, ist das gegen das Prinzip der Integrität. Diese Dissonanz wird mich in irgendeiner Weise in meiner Realität beeinflussen und eine »unharmonische, dissonante« Situation erzeugen. Daher ist Integrität ein Teil vom Gesetz der Harmonie.

Ein paar praktische Beispiele sollen dies verdeutlichen: Wer Rechnungen nur ungern, spät oder erst nach Mahnung bezahlt, wird immer wieder finanzielle Schwierigkeiten haben. Wer seine Rechnungen gerne – das ist entscheidend –, und zwar den Steuerbescheid genauso wie den Urlaubsflug, und so schnell wie möglich bezahlt, kommt leichter zu Geld und erhält öfter unerwartet zusätzlich Geld. Wer sich krankmeldet und stattdessen einen Tag zum Baden fährt, wird in seinem Leben mit irgendeiner Art von Unehrlichkeit konfrontiert werden. Wenn wir im Supermarkt zu viel Wechselgeld bekommen und es zurückgeben, werden wir zu einem späteren Zeitpunkt Dinge geschenkt bekommen. Nur bringen wir es nicht mehr mit dem Ereignis im Supermarkt in Verbindung. Integrität ist also der universelle Ausgleich aller Ereignisse.

Dies geschieht selten zeitgleich und in vergleichbaren Situationen. Da das Universum als Zeitform nur die Gegenwart kennt, kann das betreffende Ereignis auf unserer menschlichen Zeitebene durchaus später stattfinden. Grundsätzlich können wir davon ausgehen, dass Ereignisse, die in unser Leben kommen, ob positiv oder negativ, der Kraft unserer Gedanken und dem Grad unserer Integrität entspringen.

Es wird immer wieder Situationen geben, die uns herausfordern, weil die Dualität weiterhin existiert und unser Ego »ebenfalls Arbeit braucht«. Wenn wir also mit Herausforderungen, Schwierigkeiten oder Schicksalsschlägen konfrontiert werden, gehört das, so schwer es in vielen Fällen ist, zu unserem Leben. Jedoch haben wir mit dem Wissen, dass die Manifestationskraft grenzenlos ist, eine Möglichkeit, die Harmonie in unserem Leben wiederherzustellen und Wachstum zum höchsten Wohl aller zu erzeugen.

Im Einklang mit dem Gesetz der Harmonie zu leben bedeutet, die Bereiche Liebe, Mitgefühl und Integrität miteinander in Harmonie zu bringen.

Je mehr wir uns diesem Zustand nähern, umso leichter werden wir Dinge in unserem Leben erschaffen können. Irgendwann werden wir nicht mehr bewusst manifestieren, sondern feststellen, dass wie durch ein Wunder alles von allein kommt.

Aktionsschritte »Wachstum«

▶ Überprüfen Sie, ob die beiden Gleichungen Wachstum = Fülle und Rückzug = Mangel in Ihrem Unterbewusstsein aktiv sind, und bearbeiten Sie diese, sodass sie aufgelöst werden.

▶ Vermeiden Sie Gespräche über Probleme, Ungerechtigkeiten oder Skandale aus dem gesellschaftlichen und wirtschaftlichen Leben. Suchen Sie stattdessen nach Menschen, die Ihre Ideen unterstützen und die Sie in schwierigen Situationen um Rat fragen können.

5. Säule

- Wünschen Sie jeder Person oder Institution, mit der Sie Geschäfte machen, Erfolg, Geld und zufriedene Kunden. Praktizieren Sie dies mental, wenn Sie Brot kaufen, in den Zug steigen, im Internet bestellen oder mit einem Geschäftspartner verhandeln.

- Damit Ihr Produkt oder Ihre Dienstleistung erfolgreich ist, müssen Sie »on service« sein. Das bedeutet, dass Sie das Geschäft nicht betreiben, um möglichst viel Geld zu verdienen, sondern um damit zum höchsten Wohl möglichst vieler Menschen beizutragen. Diesen Gedanken, »im Dienst« zu sein, visualisieren Sie im Rahmen Ihrer Meditations- und Ruhezeiten. Senden Sie Dankbarkeit an Ihre Kunden dafür, dass diese gerne und pünktlich bezahlen, und wünschen Sie Ihren Kunden persönlichen und finanziellen Erfolg.

- Arbeiten Sie wachsam daran, göttliche Führung und Ego voneinander zu unterscheiden. Bringen Sie täglich Zeiten der Stille und Ruhe in Ihr Leben. Machen Sie sich bewusst, dass es nicht Ihre Aufgabe ist, zu überlegen, was als Nächstes zu tun ist. Nehmen Sie Kontakt mit Ihrer göttlichen Führung auf, und fragen Sie, was die nächsten Schritte sein sollen.

- Nehmen Sie sich kurze Auszeiten während des Tages. Wenn Sie beispielsweise gerade ein kompliziertes oder ärgerliches Telefonat hinter sich haben – gerade dann –, nehmen Sie sich fünf Minuten Zeit. Verlassen Sie Ihren Arbeitsplatz, suchen Sie einen ruhigen Ort auf, und denken Sie darüber nach, was in Ihrem Leben gerade gut funktioniert und wofür Sie dankbar sind. Wenn Sie sich drei- bis fünfmal am Tag diese kurzen Auszeiten gönnen, werden Sie viel verändern.

- Arbeiten Sie mit Ihren Emotionen. Machen Sie es sich zur Gewohnheit, den Tag mit Übungen zu beginnen, die Sie in eine friedliche Grundstimmung bringen, und versuchen Sie, diese Stimmung auch im Verlauf des Tages zu halten. Je intensiver und häufiger Sie dieses Morgenprogramm machen, umso öfter wird es Ihnen gelingen, während des gesamten Tagesverlaufs in Ihrer Mitte zu bleiben. Überlegen Sie sich Maßnahmen, die Sie in akuten Fällen anwenden können, beispielsweise wenn Sie sich ärgern oder schlechte Nachrichten bekommen. Schließen Sie den Tag mit einer kurzen Meditation oder einem Gebet ab. Danken Sie für alles Positive an diesem Tag, und senden Sie Frieden an die Menschen, mit denen Sie sich heute gedanklich, persönlich oder über Kommunikationsmittel in schwierigen Situationen befunden haben.

- Arbeiten Sie mit den »manifesting points«.

Affirmationen

Wachstum in meinem Leben
  verläuft harmonisch und natürlich.

Es ist sicher für mich zu vertrauen.

Liebe, Mitgefühl und Integrität
  sind selbstverständliche Teile meines Lebens.

Es ist für mich und alle anderen
  immer genügend vorhanden.

6. Säule

Die Sprache Gottes

»Willst du in meinem Himmel mit mir leben,
sooft du kommst, er soll dir offen sein.«
Friedrich Schiller

Erfolg, Entwicklung, Wachstum und Veränderung stellen sich erst ein, wenn ich Intention und Intuition aktiv in meinem Alltag integrieren kann und so zum Leben erwecke. Dies bedeutet, in Kontakt zu treten mit der Energie Gottes und den unbegrenzten Möglichkeiten, die mir zur Verfügung stehen. Die göttliche Energie wird auf meine Aktion reagieren. Ich bekomme Zeichen, erlebe Synchronizitäten, und es bieten sich Möglichkeiten in meinem Leben, das zu erschaffen, was ich mir wünsche. Diese Ereignisse, die nicht erklärbar sind, sich aber in der Realität ereignen, nennen wir Zufälle. Tatsächlich sind sie jedoch Momente der Kommunikation mit Gott, Momente, in denen wir klar mit dem göttlichen Bewusstsein verbunden sind. Man kann das mit dem Erlernen einer Sprache vergleichen: Grammatik, Vokabeln, Redewendungen lassen sich lernen, aufschreiben und nachsprechen, aber irgendwann muss ich hinaus in die Welt und sie anwenden.

**Manifestation ist die Sprache Gottes,
die ich wieder erlerne.**

6. Säule

Wenn ich diese Sprache anwende und das Göttliche in mir in Kontakt mit Gott tritt, realisiere ich meine Wünsche. Je mehr ich übe und diese Interaktion suche, umso mehr positive Veränderungen ergeben sich. Schlussendlich werde ich nicht mehr bemerken, dass ich manifestiere, weil die Anwendung der Sprache Gottes für mich wieder selbstverständlich geworden ist.

Wenn ich als Deutscher die eigene Sprache spreche, erinnere ich mich nicht ständig daran. Wenn ich hingegen als Deutscher italienisch spreche und es nicht meine Alltagssprache ist, erinnere ich mich immer wieder daran, weil ich Fehler mache, Wörter nicht weiß oder mich einfach nicht mehr konzentrieren kann. Je häufiger ich diese Sprache jedoch anwende, umso mehr werde ich mich darauf einstellen, und irgendwann wird es selbstverständlich sein.

Als ich in meiner Schulzeit als 15-Jähriger zu einem Schüleraustausch nach Frankreich fuhr, habe ich dort nur französisch gesprochen und gelesen. Radio, Fernsehen, alles in meiner Umgebung war auf Französisch. Nach relativ kurzer Zeit, bereits nach zwei bis drei Tagen, habe ich festgestellt, dass meine Gedankengänge ebenfalls auf Französisch verliefen. Es ging alles von selbst, ich habe mich nicht ablenken lassen. Um die Sprache Gottes richtig erlernen zu können, sind tägliche Praxis und Fokussierung die entscheidenden Erfolgsfaktoren. Wenn ich negative Nachrichten und Emotionen zulasse, wechsle ich die Sprache, und mein Verstand beginnt wieder, in den alten Mustern zu denken. Weil ich diese am längsten kenne, kehrt ihre Wirkung am schnellsten zurück. Die Sprache, die ich am häufigsten anwende und wirklich lernen möchte, beherrsche ich am besten.
Die Rückerinnerung daran, dass die Sprache Gottes meine Muttersprache ist, war für mich eine Erkenntnis, die in meinem Leben viele Sichtweisen verändert hat.

Es ist entscheidend, ob wir die Sprache Gottes praktizieren oder uns von unserem Ego lenken lassen, das gerne in seiner eigenen Sprache mit uns kommunizieren möchte. Durch die Interaktion mit Gott ergeben sich Handlungsmöglichkeiten. Das würde ich als Führung bezeichnen.

Je besser und kontinuierlicher wir die Sprache Gottes sprechen, umso klarer erkennen wir seine Führung.

Die Sprache Gottes zeigt sich auf unterschiedliche Weise, und ich möchte Ihnen im Folgenden einige Möglichkeiten beschreiben.

Synchronizitäten und Zeichen

Ich fuhr mit meinem Freund Michael im Auto durch den Stadtverkehr. Wir unterhielten uns über die Arbeit mit Engeln und welchen unglaublichen Humor sie besitzen. Sie lieben es, uns immer wieder mit ihrer Präsenz zu überraschen und uns an die Zusammenarbeit mit ihnen zu erinnern. In diesem Moment überholte mich ein Fahrzeug, das hinter mir war, auf der rechten Spur, um direkt vor mir wieder einzuscheren. Dabei blickte ich auf das Nummernschild und sah die Zahlen 4141. Vier ist die Zahl der Engel, und die Kombination mit 1 bedeutet häufig, dass die Engel eine Nachricht oder Information für uns haben. Wir lachten beide von Herzen und freuten uns, dass genau in dem Moment, als wir uns über den Humor der Engel unterhielten, diese Zahlenkombination auftauchte.

6. Säule

Zeichen sind Ereignisse oder Gegenstände, die entweder einmalig sehr deutlich oder innerhalb kurzer Zeit immer wiederkehrend in unser Leben kommen. Diese Zeichen können Hinweise, Warnungen oder auch Bestätigungen sein. Federn sind ein Zeichen für die Präsenz der Engel, Münzen, die wir finden, ein Hinweis auf das Thema Geld. Zahlenkombinationen, Bücher, digital angezeigte Uhrzeiten wie 13.13 Uhr, Zimmernummern in Hotels oder mehrere Personen, die uns unabhängig voneinander vom selben Thema berichten, all das sind Zeichen.

Es gibt keine Zufälle, sondern nur Synchronizitäten und Zeichen. Das Phänomen der Synchronizität wurde von C.G. Jung erstmals ausführlich beschrieben. Wenn plötzlich negative Dinge passieren, die uns *eigentlich* sonst nie passieren, sind das Hinweise und Warnungen, dass wir auf unsere Gedanken achten sollten, die zu diesem Zeitpunkt zu viel Negativität enthalten. Das kann zum Beispiel eine umgestürzte Kaffeetasse auf der frisch gebügelten Hose sein, oder wir stoßen uns den Kopf an einer Stelle, an der es bisher noch nie passiert ist.

Die Sprache Gottes ist individuell.

Jeder erhält in einer bestimmten Situation die für ihn passenden, erkennbaren und eindeutigen Zeichen, Hinweise oder Begegnungen. Es passieren stets genau die Dinge, die in diesem Moment für eine Person oder Situation die richtigen sind. Für einen anderen Menschen kann ein solches Ereignis völlig bedeutungslos, ja, gar nicht wahrnehmbar sein. Zeichen und Gleichzeitigkeiten, so könnte man Synchronizitäten übersetzen, sind wie ein Barometer, das anzeigt, wie gut wir mit der göttlichen Energie verbunden sind. Synchronizitäten haben folgende Funktionen:

- Sie sind Bestätigungen dafür, dass wir auf dem richtigen Weg sind, oder Informationen für den nächsten Schritt,

- Warnungen, dass wir etwas verändern oder unterlassen sollen,

- Hinweise, dass wir gerade nicht mit der göttlichen Energie verbunden sind und deswegen unser positiver Flow unterbrochen oder gebremst wird, oder

- Möglichkeiten für unsere spirituelle Entwicklung.

Aber, wie sollte es anders sein, auch aktiv ist unser Ego, das für die Aufrechterhaltung der Dualität sorgt und uns ebenfalls mit Informationen versorgt. Die Herausforderung ist, zu lernen, die Zeichen und die Informationen des Ego voneinander zu unterscheiden. Das häufigste Unterscheidungskriterium ist Angst. Die Informationen des Ego, die keine Zeichen oder Synchronizitäten sind, versuchen, uns zu verunsichern, uns Angst zu machen und unser Vertrauen zu erschüttern.

Die Fähigkeit, Zeichen und sogenannte Zeitqualitäten zu erkennen und zu interpretieren, ist das tägliche Brot, damit wir im Fluss des Lebens erfolgreich sein. Bestimmte Ereignisse benötigen Zeit, damit sie sich verwirklichen können, oder sind nur zu bestimmten Momenten oder in »Zeitfenstern« möglich. Ich kann mir beispielsweise neue Praxisräume manifestieren und weiß vielleicht bald, wo sie sein könnten. Dennoch müssen die Räume erst frei werden, oder es muss ein Kontakt zum Vermieter entstehen. Ich habe die Möglichkeiten, das zu manifestieren, und ich bekomme die richtigen Informationen und Hinweise. Jetzt muss ich offen dafür sein, dass ich zum richtigen Zeitpunkt präsent bin oder das Richtige unternehme. Dies nennt man *Zeitqualitäten*. Deswegen ist es wichtig, die Wahrnehmung zu trainieren und bewusst auf Zeichen und Möglichkeiten zu achten. Dies ist manchmal schwieriger, als man denkt, denn Synchronizitäten und Zeichen widersprechen dem Ursache-Wirkung-Paradigma, das noch immer das vorherrschende Weltbild in unserer westlichen Gesellschaft ist.

Vertrauen stärken

Je mehr Vertrauen und Gelassenheit ich in mir trage, umso höher ist die Geschwindigkeit und umso größer die Wahrscheinlichkeit, dass ich meinen Manifestationsprozess erfolgreich durchführe.

Vertrauen ermöglicht es mir loszulassen.

Versuche ich beharrlich, die Kontrolle zu behalten, werde ich nur sehr langsam oder gar nicht an mein Ziel kommen. Wenn ich beispielsweise mit dem Zug von München nach Hamburg fahren will, dann besteige ich den Zug und weiß, dass ich ankommen werde. Ich lasse los und warte, denn ich habe das getan, was getan werden musste. Sollte auf der Reise etwas Unvorhergesehenes passieren, werde ich entsprechend reagieren, zum Beispiel umsteigen, weil ich eine andere Strecke fahren muss, da der normale Weg blockiert ist. Auf jeden Fall werde ich nicht versuchen, den Zugführer zu überzeugen, dass ich den Zug eigentlich lieber selbst steuern will, damit ich die Kontrolle darüber habe. Ich verlasse mich auf den Fahrplan. Ob die Zeit für mich langsam oder schnell vergeht, hängt von meinen Gedanken ab. Aber ich bin mir sicher, dass ich ankommen werde.

Genauso verhält es sich mit dem Prozess der Lebensgestaltung. Wie bei der Zugreise muss ich die Entscheidung treffen. Den Rest überlasse ich tatsächlich anderen. Wie angenehm die Reise wird, ob ich sympathische Leute treffe, ob die Zeit schnell oder langsam verrinnt, hängt nur von meiner inneren Einstellung ab. Nicht mehr und nicht weniger muss ich tun, wenn ich zum Beispiel einen neuen Arbeitsplatz oder eine veränderte Arbeitssituation anstrebe. Die Entscheidung treffen, Verantwortung übernehmen, überlegen, was zu tun ist, und dann loslassen.

Häufig verbringen wir in unserem Manifestationsprozess mehr Zeit damit zu versuchen, Dinge zu steuern und zu kontrollieren, anstatt das zu tun, was notwendig ist. So, wie wir nicht versuchen sollten, die Aufgabe des Zugführers zu übernehmen, sollten wir nicht versuchen, die Aufgabe Gottes, des Universums oder der Engel zu übernehmen.

- Es ist nicht unsere Aufgabe, uns um das *Wie* zu kümmern.

- Unsere Aufgabe ist es, die Reise zu planen, sie anzutreten und *unterwegs* die richtigen Dinge zu tun.

- *Was* wir wollen, ist unsere Entscheidung. *Wie* wir es bekommen, ist die Arbeit Gottes.

Es besteht jedoch ein Unterschied zwischen Manifestation und dem Beispiel der Zugreise. Es gibt einen Fahrplan, der uns die Sicherheit vermittelt, dass wir zum gewünschten Zeitpunkt ankommen. Das hilft uns, die Kontrolle abzugeben. Doch führen Veränderungen und Verspätungen oft bereits dazu, dass wir aus dem Gleichgewicht kommen.
Wie sollen wir das dann im Manifestationsprozess aushalten? Hier haben wir keinen Fahrplan und keine Sicherheit oder Garantie, dass wir am Ziel ankommen. Deswegen versuchen wir, die Kontrolle zu behalten. Das bedeutet im Klartext: Wir vertrauen einer Eisenbahngesellschaft mehr als Gott, den Engeln, Spirit oder dem Universum, weil sie uns einen Fahrplan bietet, und dies nur, weil wir keine Sicherheit darüber zu haben *scheinen*, dass unsere Wünsche und Ziele in Erfüllung gehen.

6. Säule

Ich habe mich oft gefragt, warum es so schwierig ist zu vertrauen. Menschen mit spirituellem Interesse haben sich schon in vielen früheren Leben mit diesen Themen beschäftigt. In vergangenen Jahrhunderten war es durchaus gefährlich, sich mit diesem Gedankengut auseinanderzusetzen, geschweige denn, es öffentlich zu machen. Möglicherweise haben die Menschen damals vertraut und sind dafür in lebensbedrohliche Situationen geraten. Die Konsequenz, dass wirkliches bedingungsloses Vertrauen gefährlich ist, wurde daher im Zellgedächtnis abgespeichert.

Das Interessante ist die Frage, warum es eigentlich so gefährlich war, sich mit spirituellen Themen auseinanderzusetzen, dass man dafür sogar als Ketzer oder Hexe verbrannt werden konnte. Das Problem waren nicht die Gedanken und Inhalte, sondern die Konsequenzen, die sich für alle daraus ergaben: Wenn Menschen sich mit der eigenen Göttlichkeit beschäftigen und diese praktizieren, treten sie in direkten Kontakt mit Gott und leben ihre Selbstverantwortung. Als einige also plötzlich selbstständig dachten und sich auf Gott anstatt auf den Papst oder Kaiser verließen, gefährdeten sie die über Jahrhunderte errichteten Machtstrukturen. Die Geschichte zeigt uns viele Beispiele, die dies belegen: hoch spirituelle Menschen, deren bedingungsloses Vertrauen eine unglaubliche Manifestationskraft entfaltet hatte und viele Menschen aus dem Käfig ihrer Gedanken befreien konnte, wie Johanna von Orleans, Bernadette von Lourdes, Giordano Bruno, Franziskus von Assisi oder Galileo Galilei.

> Es gibt Orte für mich, in die ich das erste Mal in diesem Leben komme, und ich fühle mich sofort wie zu Hause. Ich gehe dann durch diese Orte wie ein Mensch, der nach vielen, vielen Jahren wieder in seine Heimat zurückkehrt, Veränderungen sieht und sich etwas scheu, aber doch vertrauensvoll umsieht, und dem alles irgendwie bekannt vorkommt. Ich bin froh, dass ich endlich wieder zu Hause bin.

Dies habe ich bisher am stärksten in Seattle, Mexiko City, Istanbul, dem anatolischen Hochland und auf den Inseln von Hawaii erlebt. Auch in Deutschland kenne ich viele Orte und Gegenden, in denen ich in früheren Leben war und an die ich eine sehr gute Erinnerung habe. Diese Orte wirken auf mich inspirierend. Plötzlich verspüre ich einen unglaublichen Optimismus, positive Ausstrahlung und Lebenskraft, als ob ich mich wieder mit der Energie des Ortes verbinde. Meine Zellen vibrieren, um mein gesamtes körperliches und energetisches System mit dieser Kraft zu versorgen. Aber ich kenne auch das Gegenteil. Es gibt Plätze und Städte, die ich mit schlimmsten Erinnerungen verbinde, und mein gesamtes System fällt zusammen: Ich werde launisch, aggressiv, schwach – und eigentlich habe ich Angst. Hier vibrieren ebenfalls meine Zellen, jedoch versorgen sie mich mit all den unaufgelösten Ängsten und Emotionen der damaligen Zeit.

Ich habe die Erfahrung gemacht, dass es ein wichtiger Teil des Manifestationsprozesses ist, sich dieses Phänomens bewusst zu werden. Das heißt nicht, dass ich gezielt Orte aufsuche, an denen ich negative Erfahrungen gemacht habe, aber wenn ich darauf stoße, versuche ich, diese Erfahrungen möglichst schnell aufzulösen. Mit den Orten meiner besten Erinnerungen verbinde ich mich mit klarer Intention, indem ich dorthin reise, mich mental durch Bücher und Berichte oder in Traumreisen dorthin bewege. Das Interessante ist, dass ich an diesen Orten stets in vollstem Vertrauen gelebt habe. Durch diese Rückverbindung kann ich meine Energie und mein Vertrauen in der Gegenwart stärken.

Wenn ich spüre, dass ich mit dem Thema »bedingungsloses Vertrauen« Schwierigkeiten habe und dieses Thema mich immer wieder einschränkt, suche ich daher nach Erlebnissen in diesem Leben, »Seelen-Trojanern« und möglichen Erfahrungen aus früheren Leben, und bearbeite diese, um sie aus dem Zellgedächtnis zu löschen. Trotz allem gibt es immer wieder Situationen,

6. Säule

in denen die Manifestationen nicht zu funktionieren scheinen. Das hat dann meist einen oder mehrere der folgenden Gründe:

- Das gewünschte Ereignis passt nicht in unseren Lebensplan oder ist nicht zu unserem höchsten Wohl.

- Unser Unterbewusstsein boykottiert in Kooperation mit dem Ego unsere Pläne, indem es uns glauben lässt, dass wir das Ergebnis nicht verdienen, nicht schaffen oder doch wieder verlieren werden.

- Die Zeitqualität stimmt noch nicht. Manche Ereignisse setzen eine gewisse Entwicklung voraus. Sie können mit dem Zug nur dorthin fahren, wo es Schienen gibt – und das Erreichen mancher Ziele ist einfach *noch* nicht möglich. Daraus dürfen wir aber nicht schließen, dass es überhaupt nicht möglich ist.

- Fehlende Geduld führt dazu, dass wir den Manifestationsprozess immer wieder unterbrechen. Sie fahren beispielsweise von München nach Hamburg, steigen in Altona aus und fahren zurück nach München, um dort zu erzählen, dass es nicht geklappt hat, nach Hamburg zu kommen. Diese »Jojo-Manifestationen« führen dazu, dass wir, um beim Beispiel zu bleiben, irgendwann im Laufe unseres Lebens unzählige Male in Altona waren, aber nie unser eigentliches Ziel erreicht haben. Daher glauben wir dann, dass wir nicht manifestieren können.

- Ein Ziel zu erreichen geht nur in Zusammenarbeit mit Leichtigkeit und Disziplin. Mit Disziplin allein können wir ans Ziel kommen, aber wir werden erschöpft sein. Nur mit Leichtigkeit werden wir Erfolge von der Qualität eines Strohfeuers haben.

Allzu oft beschäftigen wir uns nur mit Hindernissen und versuchen, sie aus dem Weg zu räumen. Wir können diese Hindernisse nicht beseitigen. Das vergeudet nur Zeit und Energie. Vertrauen ist die Voraussetzung, um loslassen zu können, und dies ist der letzte Baustein für die Gestaltung unseres Lebens.

**Jetzt leben wir in der Gegenwart,
denn Vertrauen ist die gelebte Sprache Gottes.**

Natur

Natur ist der vollkommene göttliche Schöpfungsprozess, aus dem heraus alles entsteht. Der Mensch ist Teil dieses Prozesses und fühlt sich deshalb in der Natur frei. Regenbogen, Morgenstimmung, Sonnenuntergang, Duft von frisch gemähtem Gras, Meeresrauschen – all das erfüllt unser Herz mit positiver Stimmung. Die Verbindung mit der Natur ist die beste Voraussetzung für die Anwendung der Sprache Gottes.

Es ist für alles gesorgt, und es lässt sich immer genügend erschaffen. Mangel ist das Ergebnis der Abkopplung des Menschen von der Manifestationskraft der Natur. Wenn wir uns mit der Natur verbinden, wird unsere Manifestationskraft steigen. Dazu muss man für eine neue Sichtweise bereit sein:

**Der Mensch ist nicht Krone der Schöpfung,
sondern gleichberechtigter Bestandteil der Schöpfung.**

6. Säule

Es gibt drei Kanäle, über die wir uns mit der Energie Gottes verbinden können: unser Herz, das heißt die Liebe, unsere mentale Kraft, das ist das Dritte Auge, und als dritte Kraft die Energie der Natur.
Die Vollendung der Manifestation und die Fähigkeit, alles, wirklich alles, für sich und zum höchsten Wohl anderer zu erschaffen, ist erreicht, wenn wir unsere hellsichtige Verbindung mit dem Dritten Auge, die bedingungslose Liebe unseres Herz-Chakras und das Einssein mit der Natur entwickelt und in Einklang gebracht haben.

> Während meines Studiums habe ich ein Jahr lang in den Bergen des Kleinwalsertals gelebt und gearbeitet. Tag für Tag, Winter wie Sommer war ich der Natur ausgesetzt und mit ihr verbunden. In dieser Zeit habe ich eine große Sensibilität für Gerüche, Farben und Licht entwickelt. Dies hat mir ein Bewusstsein für die Großartigkeit und Vielfalt des Lebens vermittelt, und ich habe gelernt, dass ich alles erschaffen kann.
> Das Interessante daran ist, dass ich zu diesem Zeitpunkt über die spirituellen Gesetze der Manifestation noch nicht viel wusste und mir, ehrlich gesagt, auch gar keine Gedanken darüber gemacht habe. Allerdings stellte ich fest, dass ich in der majestätischen Ruhe der Berge eine unglaubliche Inspiration und Manifestationskraft verspürte. Das heißt nicht, dass ich zu diesem Zeitpunkt keine Sorgen oder Probleme hatte, ganz im Gegenteil. Doch erlebte ich das Phänomen, dass ich auf dem Gipfel eines Berges stand und meine Probleme plötzlich eine geringere Last waren. Das Sein in der Natur, Aufstieg, Ausblick und Abstieg haben stets mein Ego so beschäftigt, dass ich mich für anderes öffnen konnte. Die Faszination der Natur ist ein sensationeller Kanal für die Verbindung mit dem höheren Selbst. Bis heute sind für mich Tage am Meer, in den Bergen, eine Übernachtung unter freiem Him-

mel, eine Sommerwiese oder der Blick über eine hügelige Landschaft Momente der Auszeit. Das Tor zu meiner Manifestationskraft öffnet sich fast von selbst, und aus der Ruhe schöpfe ich Vertrauen und Optimismus.

Unsere Erwerbstätigkeiten sind an Maschinen gekoppelt oder finden in Häusern statt, die nicht unbedingt gesunde Lebensbedingungen darstellen. Natur erleben wir nur noch in unserer Freizeit und an Wochenenden. Der größte Teil der Menschen in Europa lebt in künstlich erschaffenen Lebensräumen. Dies ist keine Kulturkritik und kein Lamento gegen die Moderne. Das Problem ist, dass wir das Gleichgewicht verloren haben.

Jetzt fragen Sie sich vielleicht, ob Sie in Schwitzhütten sitzen sollen, nachts trommelnd um ein Lagerfeuer tanzen oder Kräuter kauen müssen, wenn Sie eine neue Arbeitsstelle oder Ihren Lebenspartner manifestieren möchten. Nein, natürlich nicht – außer es macht Ihnen Spaß.

**Es geht vielmehr darum,
die Natur als außergewöhnlichen Raum
zur Manifestation wiederzuentdecken.**

Die bewusste, geplante und absichtsvolle Verbindung mit der Schönheit, den Kräften und Energien der Natur bleibt auf der Strecke. Daher habe ich bei den folgenden Aktionsschritten eine relativ große Anzahl von Möglichkeiten und Aktivitäten beschrieben. Mit der Sprache Gottes und der Verbindung zur Natur können wir die Magie und die Schönheit des Lebens, die in den virtuellen elektronischen Welten unserer Zeit zu verschwinden drohen, wiederentdecken und neu erleben.

Aktionsschritte »Die Sprache Gottes«

Synchronizitäten und Zeichen

▶ Beginnen Sie, auf Besonderheiten wie Uhrzeiten oder Zahlenkombinationen zu achten.

▶ Wenn Sie Zeichen bemerken, machen Sie sich dies bewusst, teilen Sie den Menschen, mit denen Sie gerade zusammen sind (wenn Sie ihnen vertrauen), mit, was Sie gerade wahrgenommen haben. Wenn Sie allein unterwegs sind, sprechen Sie es laut aus.

▶ Die Bedeutung eines Zeichens erschließt sich meist erst, wenn Sie das Ergebnis wahrnehmen, oder später, quasi als »Geistesblitz«. In den seltensten Fällen ist es sinnvoll, darüber nachzudenken, denn meist wird Ihnen Ihr Ego antworten.

▶ Wenn Sie in einer Situation nicht weiterwissen oder etwas nicht interpretieren können, dann bitten Sie um erklärende Zeichen und Ereignisse.

▶ Prüfen Sie, ob Ihnen Angst oder Unterstützung vermittelt wird, und lernen Sie, die Signale Ihres Ego zu erkennen. Meist folgt das Ego bestimmten Mustern oder erscheint stets in ähnlichen Situationen.

▶ Je klarer Ihre Chakren sind und je intensiver die Arbeit mit Ihrem Unterbewusstsein ist, umso leichter und desto mehr Zeichen können Sie wahrnehmen und richtig interpretieren.

Vertrauen stärken

- Vertrauen ohne die Überzeugung der Existenz einer göttlichen Macht mit bedingungsloser Liebe, die uns zum höchsten Wohl unterstützt, ist sehr schwierig, wahrscheinlich sogar unmöglich. Wenn Sie Vertrauen erlernen wollen, überlegen Sie, was Sie daran hindert, überhaupt nicht oder nur manchmal von der Existenz Gottes überzeugt zu sein.

- Ein unruhiger Geist ist Spielwiese und Jahrmarkt für unser Ego. Das Ego hat es dann sehr leicht, seine Aufgabe zu erfüllen, uns mit Zweifeln und Ängsten zu versorgen. Suchen Sie nach Methoden und Techniken, Ihren Verstand und Ihre Gedanken zu beruhigen. Experimentieren Sie! Finden Sie heraus, was für Sie am besten ist!

- Reduzieren Sie, soweit Sie können und möchten, den Konsum von Medien wie Fernsehen, Zeitungen, Internet. »Bad news are good news« ist die goldene Regel der Medien. Nachrichten der »Angst-Industrie« fördern Ihre Sorgen und schwächen Ihr Vertrauen.

- Machen Sie sich immer wieder bewusst, dass die Grundlage für alles, was in Ihrem Leben passiert, Ihre Gedanken sind. Sie entscheiden, was und wie Sie über Ihr Leben denken.

6. Säule

Natur

▶ Stellen Sie Ihre Ernährung auf biologische organische Lebensmittel und Produkte um. Pflanzengifte und die allgemein übliche Art des Anbaus verhindern, dass wir wirkliche Lebensenergie aus der Natur bekommen. Das Hauptargument sind hier natürlich die Lebenshaltungskosten, da biologisch erzeugte Lebensmittel teuer sind – oder vielleicht sogar den richtigen Preis haben. Auch das wäre ein Wechsel der Sichtweise. Senden Sie die klare Absicht aus, dass Sie im Bereich der Ernährung im Einklang mit der Natur leben möchten und wirklich die Kraft der Lebensmittel aufnehmen wollen. Überprüfen Sie, ob Sie dies auf der emotionalen Ebene wirklich möchten. Wenn ja, wird mit der Zeit Folgendes passieren: Es wird immer genügend Geld vorhanden sein, um biologische, gesunde Nahrungsmittel kaufen zu können, und Schritt für Schritt wird immer mehr möglich sein. Ich weiß nicht, warum das funktioniert. Aber es ist einer der eindrucksvollen Hinweise, wie wichtig und wirksam die Manifestationskraft der Natur ist.

▶ Überdenken Sie Ihren Fleischkonsum. Grundsätzlich spricht nichts dagegen, Fleisch zu essen. Das Problem ist vielmehr, unter welchen Bedingungen die Tiere gehalten werden. Wenn Sie Fleisch essen möchten, dann steigen Sie auf Fleisch aus biologischer Haltung und Erzeugung um, und überlegen Sie, ob es notwendig ist, jeden Tag Fleisch zu essen. In einer Industrie, in der das Schweineschnitzel billiger ist als Katzenfutter, haben wir ein gestörtes Gleichgewicht.

▶ Führen Sie diese Umstellungen mit Geduld und Umsicht durch. Zunächst werden Sie wahrscheinlich im privaten Bereich die Ernährungsgewohnheiten verändern können, aber vielleicht noch nicht in der Betriebskantine oder wenn Sie auf Reisen sind. Machen Sie in diesem Fall nichts aus Disziplin und nach festem Plan. Lernen Sie, bei der Ernährung auf Ihren

Körper zu achten. Wenn Sie sich über die Ernährung wieder mit der Natur verbinden, wird Ihnen Schritt für Schritt alles zur Verfügung gestellt, was Sie brauchen: das Wissen Ihres Körpers, was gut für Sie ist, die Möglichkeiten, sich entsprechend zu ernähren, und die finanziellen Mittel.

▶ Engagieren Sie sich für Tiere in jeder Form, die für Sie möglich ist: Spenden, freiwillige Arbeit, Mitgliedschaften. Bringen Sie Tiere in Ihr Leben, wenn möglich als Haustier, über Fernsehsendungen, mit Bildern oder als Stofftiere. Bringen Sie nur positive Bilder in Ihre Umgebung, denn sonst versorgen Sie Ihr Unterbewusstsein mit negativer Energie. Leider ist es noch immer so, dass wir von Tierschutzorganisationen mit grausamen Bildern konfrontiert werden müssen, um aufgerüttelt zu werden. Doch wir wollen eine friedliche Zukunft mit den Tieren manifestieren. Umgeben Sie sich deswegen mit der schönen, stolzen, wundervollen Seite der Tierwelt. Versuchen Sie, in Ihren Gedanken und Aktivitäten die Tiere aus den drei Bereichen Luft, Wasser und Erde einzubeziehen.

▶ Beenden Sie Ihre Morgenmeditation mit einem kurzen Gebet für Frieden, Liebe und Gesundheit für alle Menschen, Tiere, Pflanzen, sonstige Lebewesen und Mutter Erde.

▶ Beginnen Sie, das Wetter zu beobachten. Betrachten Sie das Wetter, die Veränderungen im Tagesverlauf, und schauen Sie sich auch den Wetterbericht an, aber nicht als alleinige Informationsquelle, sondern als Hintergrundinformation für den Abgleich Ihrer Beobachtungen. Achten Sie auf Wolkenformationen, das Verhalten von Tieren und Ihr eigenes Gefühl und Befinden. Sie müssen sich nicht mit Meteorologie beschäftigen – im Gegenteil – Sie sollen sich mit der Natur und sich selbst beschäftigen. Die Wetterbeobachtung ist für den modernen Menschen, der mitten in der Stadt lebt und vielleicht auch sonst wenige Chancen hat, in die Natur zu kommen, eine gute Möglichkeit, sich täglich mit der Natur zu verbinden.

6. Säule

Es geht nicht um Wettervorhersage, sondern um Wetterbeobachtung. Sie brauchen auch keine Aufzeichnungen zu machen. Schulen Sie stattdessen Ihre Intuition in Bezug auf die Natur. Wenn Sie das konsequent praktizieren, achten Sie darauf, wie sich Ihre Intuition auch in anderen Bereichen verändert.

▶ Gehen Sie im Sommer oder im Urlaub, sooft Sie können, barfuß auf natürlichem Untergrund. Der größte Teil unserer Umwelt hat versiegelte Böden. Spüren Sie den Boden unter den Füßen, und nehmen Sie sich Zeit, langsamer zu laufen. Machen Sie sich bewusst, dass Sie in diesem Moment körperlich direkt mit der Natur verbunden sind. So komisch es auch klingen mag, es ist wirklich ein seltener Moment, denn meistens ist etwas zwischen uns und der Natur – und wenn es nur das Handtuch beim Baden ist, auf dem wir liegen. Die Erdung verläuft über die Füße, und je mehr Erdung Sie wirklich bekommen, umso stärker wird Ihr Vertrauen.

▶ Wir suchen das Sonnenlicht und liegen gerne in der Sonne. Die Kraft des Mondlichts und der Sterne ist eine völlig unterschätzte und vergessene Kraft. Verbringen Sie so viel Zeit wie möglich nachts unter dem Sternenhimmel. Nutzen Sie warme Sommernächte dafür, statt eines Sonnenbades ein Mondbad zu nehmen. Schwimmen Sie bei Vollmond im See oder im Meer, um dabei im wahrsten Sinne des Wortes in die Unendlichkeit des Wassers einzutauchen. Dies ist eine der kraftvollsten und intensivsten Möglichkeiten, sich mit der Natur zu verbinden und die intuitiven Fähigkeiten wieder zu entwickeln. Schlafen Sie unter freiem Himmel, auf Ihrer Terrasse oder dem Balkon.

▶ Betrachten Sie Sonnenaufgänge und Sonnenuntergänge. Die Natur ist zyklisch wiederkehrend, ewig und erhält dadurch ihre unglaubliche Kraft. Es gibt Zeiten, da versorgt sie uns mit Licht, Wärme und Kraft, und es gibt

Zeiten, in denen sich die Kraft zurückzieht. Doch es ist jeden Tag sicher, dass die Sonne aufgeht und untergeht. Dieser Zyklus zeigt, dass immer für alles gesorgt ist. Wenn heute Abend die Sonne untergeht, zweifelt niemand daran, dass sie morgen wieder aufgeht. Wenn wir jedoch für kurze Zeit etwas nicht haben, beginnen wir, zu zweifeln oder uns Sorgen zu machen. Es ist die unendliche Manifestationskraft der Natur, die immer ohne Ausnahme für uns sorgt, wenn wir es nur zulassen. Dieses regelmäßige bewusste Betrachten von Sonnenaufgang und Sonnenuntergang verbindet uns mit dem Vertrauen in unsere göttliche Kraft. Nehmen Sie sich die Zeit, vor allem auch morgens, sooft Sie können. Ansonsten machen Sie es sich zur regelmäßigen Übung, während der Zeit der Dämmerung morgens und abends kurz innezuhalten und Dankbarkeit für den Tag auszusenden.

Affirmationen

Ich nehme Zeichen und Hinweise
    klar, deutlich und einfach wahr.

Ich verbinde mich
    mit der Kraft und der Energie der Natur.

Täglich wächst mein Vertrauen.

Mein Vertrauen in die Verbindung
    mit dem göttlichen Universum
        ist unbegrenzt.

7. Säule

Flow

> »Tu nur das Rechte in deinen Sachen;
> das andre wird sich von selber machen.«
> Johann Wolfgang von Goethe

Ein »Flow« ist ein erfolgreicher Manifestationsprozess. Dieser kann so weit gehen, dass wir uns nicht mehr erinnern, dass wir diejenigen waren, die den Prozess begonnen haben, denn die Ereignisse entwickeln sich mit unglaublicher Geschwindigkeit. Um einen Flow zu erzeugen, ist es notwendig, sich mit der Bedeutung der Metapher »Fluss« auseinanderzusetzen. Wenn Sie sich wirklich in dieses Bild vertieft haben und darin eingetaucht sind, können Sie für jeden Manifestationsprozess, den Sie beginnen möchten, einen Flow erschaffen.

Unser Leben funktioniert am besten, wenn wir im Fluss des Lebens sind und diesem folgen. Eigentlich wissen wir das, jedoch versuchen wir oft das Gegenteil. Dabei wird unser Lebensweg auf faszinierende Art von »Wasser« bestimmt und beschrieben. Wir kommen aus dem Wasser, sind eingehüllt in das Fruchtwasser im Mutterleib, bestehen zum allergrößten Teil aus Wasser und versuchen, in den Fluss des Lebens zu kommen. Wenn unser Flow stimmt, funktioniert unser Leben.

7. Säule

Wenn wir auf diese Welt kommen, ist grundsätzlich ein Ziel festgelegt. Wir haben uns entschieden, hierherzukommen und bestimmte Lernerfahrungen zu machen. Dem Fluss des Lebens ist die Richtung vorgegeben. Das ist vielleicht der Punkt, der uns nicht so gut gefällt, denn wir fühlen uns vorherbestimmt. Der Fluss fließt vor uns, wir sehen immer nur das nächste Teilstück. Dennoch ist der Lauf des Flusses noch nicht festgelegt. Das klingt paradox. Stellen Sie sich den Moment vor, in dem Wasser aus einer Quelle entspringt. Daraus entsteht ein Bach, schließlich ein Fluss und dann irgendwann ein breiter Strom. Jeder Fluss entspringt zum ersten Mal, die Richtung ist dann festgelegt, doch noch nicht der genaue Weg. Jedes Leben hat seine Quelle, der es entspringt, es sucht seinen Weg, verbindet sich mit anderen und wird dann auch wieder zu einem Seitenarm und geht einen anderen Weg.

Woher weiß der Fluss also, wohin er fließen soll? Unsere Gedanken, Emotionen und Taten bestimmen unser Leben. Was wir heute denken, fühlen und tun, manifestiert sich. Insofern ist die Richtung unseres Flusses bestimmt durch das, was wir heute denken und fühlen. Wann immer wir auf unserer Lebensreise an einen Punkt kommen, an dem wir nicht stehen wollen, und uns fragen, was uns hierhergebracht hat, liegt die Antwort in unserer eigenen Verantwortung:

**Was habe ich gedacht, gefühlt, getan,
dass ich jetzt in dieser Situation bin?**

Wenn ich also den Lauf meines Lebensflusses verändern will, muss ich meine Gedanken und Emotionen überdenken. Dadurch wird der Fluss die Richtung verändern. Die Grundprinzipien zum Fluss des Lebens lassen sich folgendermaßen beschreiben:

- Wir haben die hundertprozentige Verantwortung für den Lauf unseres Lebens, und nur wir können die Richtung verändern.

- In der Gegenwart müssen wir erkennen, was zu tun ist und wie wir uns verhalten müssen. Wir lernen, was zu tun ist, wenn die Strömung reißend oder zu gering ist, und wie wir die Geschwindigkeit in der Strömung steuern und anpassen können, wenn Hindernisse vor uns liegen.

- Auf unserer Lebensreise im Fluss sind wir oft allein unterwegs. Wir werden andere treffen, die gut für uns sind, andere, von denen wir uns besser wieder trennen, manche, denen wir helfen können, andere, die wir gar nicht wahrnehmen.

- Wir müssen uns Wetter, Wasserstand, Sonne und Wind entsprechend verhalten und daraus resultierend Entscheidungen treffen.

- »Last but not least«: Wir sind nie allein. Die liebevolle Kraft des göttlichen Universums ist immer bei uns, Tag und Nacht, ob wir es wollen oder nicht. Sie unterstützt und beschützt uns, doch sie wird nicht unsere Arbeit übernehmen.

Der Moment des Flow ist die Vollendung der Gegenwart, in der wir völlig in unserem Sein aufgehen, im Jetzt sind und alles mit bedingungsloser Leidenschaft, Hingabe und Perfektion tun. Dies ist der Moment der höchsten Kreativität und Lebensfreude, weil wir völlig Ego-frei und mit unseren spirituellen Fähigkeiten verbunden sind. Dies ist nicht unbedingt an eine Aktivität gebunden, dieser Moment kann auch durch völlige Hingabe an Musik oder das versunkene Betrachten eines Kunstwerkes entstehen. Um diesen Zustand zu erreichen, ist es notwendig, sich dem Fluss des Lebens zu stellen, ihn kennenzulernen und sich ihm auszusetzen. Dann werden wir einen Moment bemerken, in dem wir völlig eins sind mit unserem Leben und es keine Fragen und Zweifel mehr gibt. Die Kunst zu leben besteht darin, diesen Zustand möglichst lange aufrechtzuerhalten bzw. immer wieder zu erschaffen.

7. Säule

Seit vielen Jahren tanze ich argentinischen Tango. Die Musik aus Buenos Aires hat eine unglaubliche Energie und Wirkung auf mich. Inhalt der Tango-Lieder ist stets die Trauer über den Verlust der Geliebten, die Sehnsucht nach dem heimischen Viertel und allem, was man gerade nicht hat und sich wünscht. Die Musik wirkt auf mich wie ein Schwamm, der alles Negative auf körperlicher und geistiger Ebene aus mir heraussaugt und mich völlig leer macht, damit ich wieder für Neues bereit bin. Eine Nacht intensiven Tangotanzens hat für mich eine Art therapeutische Wirkung. Durch die Musik von Di Sarli, Pugliese oder Piazzolla entsteht der Moment des völligen Vergessenes. Ich bin eins mit Tanzpartnerin, Musik und Bewegung. Plötzlich gibt es nichts mehr, keine Sorgen, keine Probleme, keine Ängste. Alles, was mich den ganzen Tag über beschäftigt hat, wird von dem Flow weggetragen.

Natürlich dauert dieser Zustand nicht ewig, und ich bin mir dessen bewusst, dass ich nicht vor meinem Leben davonlaufen kann. Das ist auch nicht der Sinn eines Flows. Das erstaunliche Ergebnis ist, dass mir natürlich die Probleme wieder bewusst werden, aber nach einer Nacht des Tangotanzens haben sie ihre Schwere verloren, und ich habe die Gewissheit, dass ich sie lösen kann.

Der Flow ist das, was Ihrer Brücke,
der Verbindung zwischen Spiritualität und Erfolg,
das Leben einhaucht.

Flow

Der Aufbruch ist schwerer als die Reise

Beginnen wir jetzt unsere Reise auf dem Fluss des Lebens. Der Fluss entspringt an der Quelle, zunächst ist er noch klein, unbedeutend und wird nicht beachtet. Schließlich werden wir älter, größer, unser Leben nimmt Fahrt auf, und irgendwann kommt der Moment, an dem wir die volle Verantwortung für unser Leben tragen. Das ist der Zeitpunkt, an dem wir uns selbst in unser Boot setzen und losfahren müssen. Das Boot liegt am Ufer bereit, wir müssen es nur ins Wasser bringen. Das ist ein spannender Wendepunkt in unserem Leben, denn die einen stürzen sich mit Eifer und vielleicht zu schnell mit ihrem Boot ins Wasser. Andere setzen sich in das Boot und warten, bis sie beim nächsten hohen Wasserstand hineingespült werden. Und wieder andere ziehen das Boot am Ufer noch ein Stück vom Fluss weg, setzen sich hinein und warten jahrzehntelang, dass sich etwas ändert.

Je nachdem, wie wir uns anstellen und welche Strömung wir erwischen, geht es schnell und leicht oder nicht so gut. Wir sind glücklich, dass wir es endlich geschafft haben, unterwegs zu sein. Andere dagegen kentern nach den ersten Metern. Die wenigsten von uns sind mit der richtigen Ausrüstung und dem Wissen, was die Zukunft des Lebensflusses bringen wird, gestartet. Der erste Landgang wird also nicht lange auf sich warten lassen. Wir steuern ans Ufer, machen Halt und wundern uns, was uns da so alles widerfahren ist. Hier am Ufer können wir bleiben, bis wir uns entscheiden, unsere persönliche Entwicklung wieder voranzubringen, dann muss das Boot wieder ins Wasser.

Wir sind frei.

Wir können auch den Rest des Lebens versuchen, an diesem Platz zu warten. Wenn das aber nicht unserem Vertrag entspricht, werden wir immer wieder mit Situationen konfrontiert, die uns dazu bewegen sollen, aufzubrechen und die nächsten Schritte zu machen. Doch aus Angst, Gewohnheit oder Un-

7. Säule

kenntnis der Zeichen versuchen wir zu bleiben. Wir beginnen, mit den immer schlechter werdenden Bedingungen zu hadern, immer mehr Schicksalsschläge einzustecken, nur um am Ufer bleiben zu können, aus Angst, ins Boot zu steigen und den nächsten Teil der Reise anzutreten. Gerade in Beziehungen und beruflichen Situationen akzeptieren wir oft die verrücktesten Zustände. Doch unter Umständen bringt uns das Boot auf unserem Fluss des Lebens innerhalb kürzester Zeit zu Plätzen, die viel schöner sind, als wir je erträumen konnten. Schließlich sind wir irgendwann doch wieder unterwegs auf unserer inneren und auf unserer äußeren Reise. Nicht jeder neue Aufbruch in den Fluss muss eine räumliche Veränderung mit sich bringen. Das Wissen, dass es nicht möglich ist, sich auf Dauer dem – nennen wir es – Ruf des Flusses zu entziehen, erleichtert es uns, manche Situation anzuerkennen und den Aufbruch zu wagen. Plötzlich fühlen wir uns frei, weil wir endlich den Mut aufgebracht haben, wieder unterwegs zu sein. Am Ufer des Flusses zu sein und eine Zeit lang zu verweilen, bedeutet nicht, den Fluss des Lebens zu stoppen, denn auch das Ufer ist Teil des Flusses. Den Fluss unseres Lebens stoppen wir, wenn wir die Zeichen des Aufbruchs ignorieren, verdrängen oder im Fluss versuchen, gegen die Strömung zu arbeiten.

**Im Fluss sein bedeutet,
unterwegs zu sein.**

Das Gegenteil davon ist, sich Veränderungen zu verweigern und den Aufbruch so lange zu verzögern, bis wir in den Fluss gespült werden und unter Umständen viel verlieren. Die Kunst, wirklich im Fluss des Lebens zu sein, wird bedingt durch mehrere Notwendigkeiten: den Aufbruch wagen, im Fluss bleiben, mit der Strömung treiben und wieder am Ufer rasten. Das ist der Zyklus unseres Lebens. Dieser unterliegt nicht unserem Verständnis von Zeit. So können wir durchaus äußerlich scheinbar ohne Veränderungen am Ufer sitzen, und dennoch ist unsere innere Reise durch permanente Aufbrüche und eine reißende Strömung gekennzeichnet. Wir können im Außen gerade gewaltigen Stürmen und Strömungen ausgesetzt sein und innerlich völlig ruhig und ausgeglichen sein. Am Ufer ohne innere oder äußerliche Entwicklung zu warten, bedeutet jedoch Stagnation. Wenn wir uns in schnellen, reißenden und bedrohlichen Veränderungen befinden, erscheint dies manchmal gefährlich und ist sehr anstrengend, bringt aber den Quantensprung der persönlichen Entwicklung mit sich. Solange wir vertrauen, den Zeichen folgen und mit unserer göttlichen Führung verbunden sind, besteht keine ernsthafte Gefahr.

Wir sind immer beschützt.

Gefahr entsteht erst und nur dann, wenn wir diese Verbindung verlieren und unser Ego die Führung übernimmt.

> Seit Beginn meiner beruflichen Tätigkeit arbeite ich im Bereich Erlebnispädagogik. Eine wichtige pädagogische Richtung in diesem Bereich wird »outward bound« genannt. Mit diesem Begriff bezeichnet man ein Schiff, das nach langen Vorbereitungen für die Reise auf hoher See bereit ist auszulaufen: Mannschaft, Proviant, Seekarten und alles Notwendige sind an Bord. Wetter und Tidenhub sind günstig, der Kapitän ist bereit.
>
> Das Bild, das hinter der Metapher »outward bound« steckt, hat mich mein ganzes Leben begleitet und fasziniert. Einerseits stellt sich die Frage, warum es manchmal so leicht ist, etwas Neues zu beginnen. Andererseits gibt es das Phänomen, dass wir vor dem Aufbruch mehr Angst haben als vor der Reise selbst. Wenn wir einmal die Entscheidung getroffen haben und unterwegs sind, können plötzlich Bedingungen und Ereignisse entstehen, die wir weder voraussehen konnten noch für möglich gehalten hätten.
>
> Ferne Länder sind entdeckt worden, weil mutige Menschen sich entschieden haben, in eine Richtung zu segeln, von der sie ab einem

bestimmten Moment nicht mehr wussten, wohin sie sie führen würde. Im Zeitalter von Navigationsgeräten, Satelliten und Internet ist das fast unvorstellbar. Alle Weltumsegler hatten Mut und Risikobereitschaft. Ich bin mir sicher, dass sie aber vor allem die feste, unerschütterliche Überzeugung hatten, dass die Expedition gelingen und sie zurückkehren würden. Zweifel sind für einen Menschen, der das erste Mal die Welt umsegeln möchte und die Route nicht kennt, einfach nicht angebracht. Dann frage ich mich manchmal, warum ich mir Sorgen um bestimmte Dinge mache, obwohl ich doch in einer sicheren Welt lebe, und überlege, ob ich »wirklich« ein Problem habe oder einfach »nur« Schwierigkeiten. Ich glaube, wichtig ist die Bereitschaft, immer wieder den Aufbruch, innerlich und äußerlich, zu wagen, um etwas Neues zu denken und zu tun.

Lange Zeit glaubten die Seefahrer, dass die Erde flach sei und man am Ende irgendwohin hinunterfallen könnte, bis die ersten bereit waren, sich von diesen Vorstellungen zu lösen, und versuchten, ihre neue Idee zu beweisen. Ebenso ist es für mich wichtig, immer wieder meine festgefahrenen Denkmuster und die Frage, warum ich glaube, dass ein Problem ein Problem ist, zu überdenken. Dabei ergeben sich plötzlich völlig neue Perspektiven, durch die das vermeintliche Problem sich anders darstellt, verschwindet oder sich eine überraschende Lösung zeigt. Probleme und schwierige Lebenssituationen werden nicht wartend am Land gelöst, sondern auf der Reise, durch die Bereitschaft, aufzubrechen und sich in den Fluss des Lebens zu begeben.

Wasser ist das mächtigste und gleichzeitig das sanfteste Element. Wasser löscht Feuer, nährt Erde und reinigt die Luft. Wasser findet immer einen Weg. Es ist das Element, auf das wir Menschen nur sehr kurze Zeit verzichten können. Wasser reinigt sich durch das Fließen. Alles Leben besteht aus Wasser, und ohne es ist kein Leben möglich. Es beseitigt Hindernisse erst, wenn es keinen Weg mehr gibt, dies zu vermeiden. Der Mensch versucht es meist umgekehrt. Wenn wir unser Leben erfolgreich und glücklich gestalten wollen, müssen wir lernen, wie Wasser zu sein.

Wasser kann Informationen und Wissen speichern.

Masaru Emoto hat dies mit seinen Forschungen und Bildern eindrucksvoll gezeigt. Das bedeutet, alles, was wir hören, fühlen, sagen und denken, wird auf der physischen Ebene durch das Wasser in uns und anderen gespeichert. Wenn wir lernen wollen, wie das Wasser zu sein, ist eine der wichtigsten Grundübungen, uns ständig zu reinigen und loszulassen.

Das Element Feuer reinigt ebenfalls und lässt los. Feuer zerstört und macht Platz für Neues, weil das Alte durch die Flammen vernichtet wird. Wasser trägt hinweg, nimmt die Dinge in sich auf und reinigt sich selbst durch das Fließen. Aus diesem Grund beginnen die großen Mythen und Sagen im Wasser und enden im Feuer, um schließlich durch das Wasser wieder aufzuerstehen. Wagners »Ring des Nibelungen« zeigt das ebenso deutlich wie der »Herr der Ringe«.

Fülle oder Geld

Nun ist es an der Zeit, den Fluss des Materiellen zu erschaffen. Was verbirgt sich hinter dem Begriff »Fülle«? Viele spirituelle Menschen, die über Fülle sprechen, haben zu wenig Geld. Andere hingegen, ob spirituell oder nicht, die Geld haben, sprechen von Geld und selten von Fülle. Es stellt sich also die Frage, warum wir nicht vom Geld anstatt von Fülle sprechen. Wenn ich mehr Geld in mein Leben bringen möchte, ist der wichtigste Schritt, meine Glaubenssätze und Blockaden über Geld zu erkennen und zu bearbeiten. Von klein auf werden wir mit Informationen versorgt, die uns lange begleiten, bis wir sie verändert und aufgelöst haben. Leider versuchen wir allzu oft, unser Geld hart zu verdienen, anstatt uns um die Glaubenssätze zu kümmern, die wir zu diesem Thema in uns verankert tragen. Natürlich bezahlt die Veränderung von Glaubenssätzen keine Rechnungen, keine Miete und kein Essen. Selbstverständlich müssen wir alle arbeiten. Nur, was machen wir in der übrigen Zeit? Jeder von uns hat am Tag genügend Zeit, sich auch nur zweimal für 15 Minuten zu diesem Thema Gedanken zu machen, zu visualisieren oder zu meditieren. Die Schlüsselfrage dazu lautet:

**Was habe ich in meinem Leben
über das Thema Geld gelernt?**

Dabei gibt es folgende Unterscheidungen: Entweder ist immer zu wenig Geld vorhanden oder es ist nicht so wichtig oder beides ist der Fall. Diejenigen, die wissen und aussenden, dass sie immer genug haben werden, die Geld wertschätzen und achten, haben immer ausreichend Geld für Ihr Leben.

Geld verhält sich wie Menschen. Wenn ich mich freue, es in meinem Leben begrüße, dankbar dafür bin, was es mir ermöglicht, etwas dafür tue, dass ein Teil bei mir bleibt, und ich auch einen Teil loslasse, dann wird immer Geld in meinem Leben sein. Und es wird mehr kommen. Menschen gehen auch dorthin, wo sie geliebt, aber nicht festgehalten werden, und bleiben dort, wo sie sich wohlfühlen – ebenso verhält es sich bei Geld.

Überprüfen Sie die These selbst. Erzählen Sie Freunden, Bekannten, Kollegen oder Ihrer Familie, dass sich Geld wie die Menschen verhält. Einige werden spontan sagen, dass dies stimmt. Diese Menschen haben genug Geld für Ihren Lebenswandel und gebrauchen das Wort »Fülle« nicht. Andere werden das abstreiten, vielleicht sagen, so einfach könne man das nicht sehen, schließlich sei Geld nicht alles, es ginge auch um andere Werte. Diese Menschen haben oft zu wenig Geld, und sie werden häufig, wenn sie einen spirituellen Hintergrund haben, von Fülle und Energieausgleich sprechen.

Wertschätzung zeigt sich in Freude, Dankbarkeit und dem Bewusstsein, dass Geld etwas Schönes und Erstrebenswertes ist. Das bedeutet, dass Geld sehr wichtig ist. Allen, die sagen, dass Geld nicht das Wichtigste im Leben sei, empfehle ich, Millionen zu verdienen. Machen Sie so viel Geld wie möglich! Warum? Weil Sie dann all die Dinge realisieren können, die Ihren persönlichen, sozialen, gesellschaftlichen Visionen entsprechen. Wenn Sie Millionen haben, kann Ihnen niemand mehr sagen, dass etwas nicht finanzierbar ist. Wenn Sie also zu den Menschen gehören, die sagen, Geld sei nicht alles, und sich stattdessen sozial engagieren wollen, dann verändern Sie freudig Ihr Mindset und verdienen Sie viel Geld. Jetzt werden Sie fragen: Womit denn? Dadurch, dass Sie im ersten Schritt beginnen, Geld zu lieben, es in Ihrem Leben herzlich willkommen heißen und das auch wirklich leben und fühlen. Denken Sie nicht darüber nach, woher das Geld kommen soll. Es kommt. Wenn Sie all das, was Ihnen wichtig ist, mit Geld, das Sie lieben und wertschätzen, erschaffen können, sind Sie am wirkungsvollsten. Sie schaffen Arbeitsplätze, fördern die Volkswirtschaft und bringen Freude.

7. Säule

Ich bin mir bewusst, dass es zu den schwierigsten Dingen in der persönlichen Entwicklung gehört, Glaubensmuster über Geld aufzulösen. Vielleicht haben Sie, wenn Sie das lesen, immer noch viele Einwände oder Gegenargumente. Arbeiten Sie daran, bis Sie Geld ohne Einschränkungen wertschätzen können.

Der Film »The Secret« stand monatelang auf den Bestsellerlisten und hat damit das Wissen über die Wirkung der Gedanken weit verbreitet. In diesem Film geht es fast ausschließlich um das Erschaffen von materiellem Wohlstand durch Fokussierung, Gedankenkontrolle und Visualisierung. Ich habe mich jedoch oft gefragt, warum viele der »großen Namen« aus Nordamerika, wie zum Beispiel Esther und Jerry Hicks, Marianne Williamson oder Wayne Dyer, in dem Film nicht vertreten sind. Schließlich bekam ich die Antwort auf einer der CDs von Wayne Dyer. Sein Kritikpunkt an dem Film war, dass es zu sehr um die Erschaffung von materiellem Wohlstand ginge und zu wenig um die Verbindung mit dem göttlichen Bewusstsein.

Der Film hat mir in vielen Bereichen meines Lebens geholfen, meine Gedanken über Geld und Wohlstand zu verändern. Erst einige Zeit später habe ich begonnen, mich mit den Büchern von Esther und Jerry Hicks und Wayne Dyer zu beschäftigen. Rückblickend muss ich sagen, dass ich gerade durch den Film »The Secret« animiert wurde, weiterzusuchen und die nächsten Schritte zu gehen. Diese Anmerkung von Wayne Dyer finde ich sehr richtig. Für mich persönlich muss ich sagen, dass ich ohne die Auseinandersetzung mit »The Secret«, die Inhalte der anderen Bücher nicht so positiv angenommen und in mein Leben integriert hätte.

Heute glaube ich, dass Wohlstand und Geld mit dieser Kombination erschaffen werden können: positive Gedanken über Geld und das Vertrauen in die Verbindung mit dem göttlichen Bewusstsein, dass für alles gesorgt ist und ich das Recht habe, in materiellem Wohlstand zu leben.

Geld zu behalten bedeutet Sparen. Geld zu verdienen ist leichter, als es zu behalten. Auch hier ist es wieder wie bei den Menschen. Es ist einfacher, jemanden kennenzulernen oder Kontakte zu knüpfen, als wirklich eine langfristige Beziehung aufzubauen. Wenn Sie einen Menschen kennenlernen und ihn sympathisch finden oder sich sogar in ihn verlieben, spielen natürlich Aussehen, Körperbau, Geruch und vieles mehr eine Rolle. Entscheidend sind jedoch Energie, Ausstrahlung, Aura des jeweiligen Menschen, der mit Ihnen in Resonanz tritt. Ebenso ist es mit dem Geld. Münzen und Scheine haben eine äußere Form, sind neu, alt, sauber, schmutzig. Doch auch hier ist die Frage, welche Energie Sie dem Geld entgegenbringen. Signalisieren Sie Ihrem Geld auf der energetischen Ebene, dass Sie möchten, dass es bei Ihnen bleibt.
Es gibt die weitverbreitete Meinung, dass man mit Sparen am schnellsten Geld ansammeln kann. Es mag paradox erscheinen, aber der Ausgleich zwischen Halten und Loslassen bringt schneller und einfacher mehr Geld. Natürlich bringt das eiserne Sparen einen Vermögenszuwachs, aber vermutlich nicht in der erhofften Form, oder wenn doch, mit einem erheblich höheren Aufwand an Zeit.

Es gibt den bekannten Spruch: »Nur was du loslässt und was zu dir zurückkehrt, kannst du wirklich besitzen.« Der springende Punkt, warum wir uns vielleicht gegen das Loslassen – sprich Ausgeben von Geld – wehren, wenn wir mehr Geld erschaffen wollen, liegt hierin begründet: die Angst, es könnte nicht mehr zurückkommen.

**Wen wir lieben und loslassen,
der kommt auch wieder zurück.**

Der Sinn des Geldes ist, etwas damit zu erschaffen. Deswegen ist es wichtig, es in Umlauf zu bringen. Das gilt in diesen zwei Bereichen: zum einen, wenn Sie in Ihr Unternehmen, Ihre berufliche oder persönliche Entwicklung investieren und zum anderen in der Freizeit, wenn Sie in den Urlaub fahren oder essen gehen. Geld, das ausgegeben wird, verändert etwas. Dies gilt immer. Ob das Geld etwas zum Guten oder zum Schlechten verändert, liegt an Ihrer Entscheidung, wofür Sie es ausgeben.

Wenn Sie extrem sparen und Geld aus Angst nicht loslassen, wird das Geld versuchen zu verschwinden, und Ihnen könnten plötzlich unerwartete Rechnungen, Reparaturzahlungen oder andere Forderungen gestellt werden. Dies wird zur Folge haben, dass Sie noch mehr sparen müssen.
Die Frage, ob wir Geld ausgeben oder nicht, stellt sich ohnehin nur theoretisch, denn allein für den Lebensunterhalt geben wir ständig Geld aus. Die Einstellung, wie wir es ausgeben, ist dabei entscheidend: zähneknirschend oder freudestrahlend.

Denken Sie daran: Wenn Sie einen Menschen verabschieden und eigentlich nicht wollen, dass er geht, wird es schwieriger für ihn sein, zurückzukommen. Wenn Sie ihn aber verabschieden und genau wissen, dass er wiederkommt, wird er vermutlich sehr schnell zurückkommen. Genauso ist es mit dem Ausgeben von Geld, verabschieden Sie sich freudig, denn Sie wissen, dass es sehr schnell wiederkommt.

Zum Abschluss die wichtigsten Grundsätze zum Thema Geld:

- Ob Sie Geld haben oder nicht, hängt davon ab, was Sie über Geld denken.

- Ohne Wertschätzung und das Bewusstsein, dass Geld etwas sehr Wichtiges ist und Ihnen all das ermöglicht, was Sie sich wünschen, wird das Geld, das Sie brauchen, nicht zu Ihnen kommen.

- Nur indem man es ausgibt, wird Geld nicht mehr.

- Geld wird nicht wesentlich mehr, wenn man nur spart. Es wird aber faktisch langsam anwachsen.

- Die Kombination aus Wertschätzung, Sparen, dem Ausgeben und dem Investieren von Geld wird Wohlstand in Ihr Leben bringen.

- Wenn Sie in Kontakt mit dem göttlichen Bewusstsein sind und ein positives, wertschätzendes und liebevolles Mindset zum Thema Geld haben, wird alles leicht und einfach zu Ihnen kommen.

Freude und Geld sind voneinander abhängig. Wenn Sie wenig Geld haben, bearbeiten Sie Ihre Emotionen, bis Sie Geld und Freude miteinander verbinden können und keinen Widerstand mehr spüren.

Aktionsschritte »Flow«

Fluss des Lebens

▶ Trinken Sie viel Wasser, am besten Leitungswasser. Beschäftigen Sie sich damit, wie Sie Wasser energetisieren können.

▶ Segnen Sie Ihr Wasser, und bitten Sie darum, dass Ihr Trinkwasser Ihren Körper physisch und energetisch reinigt. Wenn Sie drei bis fünf Liter, je nach Jahreszeit und Situation, trinken, können Sie Ihren Wasserhaushalt im Fluss halten, austauschen und sich dadurch reinigen.

- Nehmen Sie sich Zeit, sooft wie möglich an einem Fluss oder Bach zu sitzen. Beobachten Sie, mit welcher Leichtigkeit Wasser mit Hindernissen umgeht. Integrieren Sie den Gedanken, dass es einfacher ist, Hindernisse zu umfließen, anstatt sie aus dem Weg zu räumen.

- Beobachten Sie in einem Fluss oder Bach, wie sich das Wasser hinter einem Hindernis, zum Beispiel einem Stein oder Brückenpfeiler, verhält. Direkt hinter einem Hindernis ist das Wasser ruhig. Dies ist das sogenannte Kehrwasser. Betrachten Sie die übertragene Bedeutung des »Kehrwassers«, nämlich die, dass es gerade in unmittelbarer Nähe auch des gefährlichsten Hindernisses eine ruhige und sichere Stelle gibt.

- Übergeben Sie dem Wasser Ihre Ängste, Sorgen und negativen Gedanken. Bitten Sie um Reinigung. Wenn Sie loslassen möchten und diese Dinge auf Papier geschrieben haben, ist es am wirkungsvollsten, zunächst das Papier zu verbrennen und dann die Asche dem Wasser zu übergeben.

- Wasser ist Leben, und Wasser lebt. Auch wenn dieser Gedanke befremdlich erscheint, behandeln Sie einen Bach, Fluss oder großen Strom wie ein Lebewesen. Sie können mit ihm sprechen und ihn etwas fragen. Bitte halten Sie Wasser sauber!

- Durch Wasser sind wir alle miteinander verbunden. Die Qualität des Wassers, wie wir mit Wasser umgehen, es verwenden, verschwenden, reinigen oder verschmutzen, all das wirkt auf unser Energiesystem. Gehen Sie deshalb sorgsam mit Wasser und dem Verbrauch um. Das bedeutet nicht unbedingt, dass Sie weniger duschen sollen. Sondern es ist abhängig von der Einstellung, mit der Sie das tun. Es macht einen Unterschied, wenn Sie mit Dankbarkeit und der Intention duschen, gereinigt und erneuert zu werden. Probieren Sie es aus.

- Nehmen Sie Kontakt zu den Energien und Elementarwesen des Wassers in Flüssen, Bächen und Seen auf. Diese sind alle Teil der göttlichen Energie. Sie können und wollen Ihnen gerne helfen. Unterstützen Sie diese auch insbesondere, indem Sie sich für Umweltschutz engagieren. Verändern Sie Ihr Alltagsverhalten, indem Sie zum Beispiel biologisch abbaubare Reinigungsmittel verwenden.

- Versuchen Sie, sooft Sie können, am Meer zu sein und im Meer zu baden. Der größte Teil der Erde ist vom Meer bedeckt, und die Meere sind miteinander verbunden. Schwimmen im Meer hat die stärkste Kraft zur Reinigung und zur Manifestation. Unterstützen Sie Organisationen, die sich für den Schutz der Meere einsetzen.

Fülle ...

- Besorgen Sie sich eine Spardose. Als solche sollten Sie nicht einfach irgendetwas verwenden, sondern ein Gefäß, das Ihnen wichtig ist und Freude bereitet. Der materielle Wert der Spardose spielt keine Rolle. Entscheidend ist der emotionale Wert, den Sie mit der Spardose verbinden.

- Werfen Sie jeden Tag eine Münze, von einem Cent bis zwei Euro – der Wert spielt letztlich keine Rolle – in die Spardose. Jeden Sonntag werfen Sie einen Schein in die Spardose.

- Grundsätzlich können Sie auch täglich unterschiedliche Münzen in die Spardose werfen. Ich empfehle jedoch, stets den gleichen Wert zu nehmen. Sobald Sie mehr Geld haben, können Sie den Wert erhöhen. Der Sinn, immer den gleichen Wert zu nehmen, liegt darin, dass Sie Ihr Wachstum sehen können. Wenn Sie mit 10 Cent täglich anfangen und nach einigen Monaten auf 20 oder 50 Cent umsteigen, sehen Sie Ihren Erfolg und erhöhen die Motivation.

- Richten Sie sich bei einer Bank ein kostenloses Sparkonto ein, auf das Sie das Geld einmal im Monat einzahlen. Wählen Sie dazu eine andere Bank als die, bei der Sie bereits ein Konto haben. Dies ist etwas Neues und soll mit der Historie Ihrer bisherigen finanziellen Situation nichts zu tun haben. Natürlich können Sie das Geld auch zu Hause in der Spardose lassen. In diesem Fall zählen Sie es einmal in der Woche, und freuen Sie sich über jeden Cent. Für die Zählung oder das Einzahlen bei der Bank sollten Sie auch immer den gleichen Wochentag nehmen.

- Die Münzen und Scheine in Ihrer Spardose sind unantastbar und dürfen nicht ausgegeben werden. Das Geld in Ihrer Spardose genießt höchste Priorität und Wertschätzung. Wenn Sie diese Kombination aus Wertschätzung und Sparen mit stetigem Wachstum und Erhöhung der täglichen Einzahlungen konsequent beherrschen – dann sparen Sie, und Geld bleibt bei Ihnen.

- Irgendwann stellt sich wahrscheinlich die Frage, was Sie mit dem ganzen Geld anfangen sollen. Machen Sie Ihr Sparkonto nie ganz leer. Lassen Sie ein Drittel auf Ihrem Konto, das zweite Drittel nehmen Sie für sich und gönnen sich etwas Schönes, und das übrige Drittel verschenken oder spenden Sie. Dies machen Sie in regelmäßigen Abständen, zum Beispiel alle drei Monate.

▶ Noch eine wichtige Bemerkung zum Schluss: Dieses »Sparmodell« hat nichts mit anderen Sparformen zu tun, die nützlich sein können, um die Altervorsorge, einen Umzug oder das neue Auto zu finanzieren. Es ist eine energetische Übung, um Geld in Ihr Leben zu bringen und zu halten.

... oder Geld

▶ Wenn Sie Geld bar ausgeben oder Rechnungen überweisen, seien Sie in diesem Moment dankbar und voller Freude, dass Ihnen das Geld ermöglicht, in Ihrer Wohnung zu wohnen oder sich zu ernähren.

▶ Wünschen Sie demjenigen, der das Geld bekommt, dass *Ihr* Geld zu *seinem* Wachstum und Wohlstand beiträgt.

▶ Zahlen Sie gerne Ihre Rechnungen, egal wie Ihre finanzielle Situation aussieht! In dem Moment, in dem Sie die Rechnung bezahlen können, fließt Geld, das wieder zurückkommen kann, aber nur, wenn Sie in positiver Stimmung sind.

▶ Wenn Sie »unerwartetes« Geld bekommen, wie zum Beispiel eine Rückzahlung bei der Stromabrechnung, also Geld, mit dem Sie nicht gerechnet haben, spenden oder verschenken Sie einen Teil dieses Geldes. Freuen Sie sich über den unerwarteten Geldfluss, und geben Sie ihn von Herzen weiter. Das hat in diesem Falle nichts damit zu tun, etwas nicht annehmen zu wollen. Im Gegenteil: Sie freuen sich darüber, sind dankbar und halten damit die Energie von Geld und Dankbarkeit im Fluss.

- Wenn wir Schulden haben, fokussieren wir uns auf die negative Seite unseres Kontos. Versuchen Sie jedoch so weit wie möglich, auf alles zu achten, was Sie haben und was Sie sich leisten können. Schulden werden nicht allein durch positiven Fokus bezahlt, *aber Schulden können nur jemals mit positivem Fokus bezahlt werden.*

- Geben Sie Geld karitativ und absichtslos aus. Spenden Sie, geben Sie Trinkgeld, werfen Sie Straßenmusikern ein paar Münzen in ihren Instrumentenkoffer, laden Sie jemand ein. Sie haben immer Geld für diese kleinen Dinge. Auch hier gilt, dass nicht der Betrag, sondern die Absicht entscheidend ist. Einzige Bedingung dabei ist, dass Sie es von Herzen gerne tun sollten.

Affirmationen

Ich vertraue mich dem Fluss des Lebens an.

Die materielle und spirituelle Fülle
 in meinem Leben wachsen täglich.

Dankbar und freudig
 nehme ich Geld in meinem Leben an.

8. Säule

Verantwortung

> »In Bereitschaft sein ist alles. –
> The readiness is all.«
> William Shakespeare

Dies ist die letzte Säule. Wir haben die Brücke gebaut und sind somit in der Gegenwart angekommen. Es geht nun darum, der Brücke Beständigkeit zu verleihen. Das ist unsere Verantwortung. Jetzt beginnt die Zeit, in der wir an unseren Zielen arbeiten und gleichzeitig unsere täglichen spirituellen Aufgaben übernehmen müssen, denn nur die Kombination aus beidem bringt langfristigen Erfolg.

Napoleon Hill hat in seinem Buch »Denke und werde reich«[7] zwei Grundlagen für Erfolg beschrieben: das brennende Verlangen, den eigenen Traum zu verwirklichen, und den unerschütterlichen Glauben daran, ihn erreichen zu können. Beides kommt nicht von selbst, sondern durch unsere Entscheidung und Bereitschaft, die Verantwortung zu übernehmen, immer an unserem Traum zu arbeiten.

---

[7] Vgl. dazu: Napoleon Hill: Denke nach und werde reich. Die Erfolgsgesetze. Ariston Verlag 2005.

8. Säule

In aller Regel sind unsere Gedanken über die Zukunft durch die Erfahrungen der Vergangenheit geprägt. Deswegen ist es relativ einfach möglich, dass Pessimismus, Zweifel oder Sorgen sich in unsere Gedanken einschleichen. Da wir unsere erwünschte Zukunft noch nicht haben, erscheint es offensichtlich, dass es nicht funktioniert. Die Begründungen dazu finden wir in der Vergangenheit.

Wenn wir eine Veränderung in unser Leben bringen wollen, entscheiden wir uns für eine andere Realität. Dies verändert die Potenziale, und dadurch geschehen Ereignisse, die zum erwünschten Ziel führen. Diese Veränderung der Realität geschieht folgendermaßen: Ich mache mir bewusst, wie ich mir mein Leben wünsche, und erschaffe mein Leben als geistige Realität. Dann stelle ich mir folgende Frage:

Was muss ich heute denken, fühlen und tun, um diese Realität zu erreichen?

Damit richten wir unser gesamtes Sein auf unser zukünftiges, neues Leben aus, das wir uns wünschen.

Als ich begonnen habe, mit dieser Fragestellung zu arbeiten, war die erste Konsequenz für mich, dass ich keine Ausreden und Erklärungen mehr hatte. Ich konnte nicht mehr sagen, dass doch alles viel einfacher wäre, wenn ... Dies war sehr ungewohnt, denn mein Ego hatte stets versucht, mich mit Ausreden zu blockieren. Immer wenn ich mir die Frage gestellt habe »Was muss ich heute denken, fühlen und tun, um die erwünschte Realität zu erreichen?«, sind Ausreden und Anschuldigungen wie ein Kartenhaus zusammengefallen.
Ich habe mich einerseits besser, manchmal aber auch sehr leer und hilflos gefühlt. Immer wenn ich mich in Entschuldigungen und Selbstmitleid flüchten wollte, war diese Frage für mich wie eine »Reset-Taste«,

die mich wieder in meinen ursprünglichen Zustand zurückversetzt hat. Anfangs habe ich nur damit gearbeitet, wenn es mir gut ging. Das hat sicherlich einiges in mir bewegt. Die entscheidende Veränderung kam aber, als ich begann, mir diese Frage zu stellen, wenn ich besonders mutlos und pessimistisch war.

Dies ist für mich bis heute eine Herausforderung. Denn es hat noch immer viele Vorteile, andere Menschen, Situationen oder Ereignisse dafür verantwortlich zu machen, dass es im eigenen Leben keinen Fortschritt zu geben scheint. Diese Haltung hat nur einen einzigen Nachteil: Sie nützt rein gar nichts und ist lediglich die Garantie dafür, dass es in meinem Leben keine Veränderung geben wird. Inzwischen finde ich diese Frage sehr angenehm und versuche wirklich, mich sooft wie möglich daran zu erinnern und darüber nachzudenken. Auch wenn dadurch nicht immer sofort eine Lösung sichtbar wird, spüre ich, dass ein ungeheurer Druck von mir abfällt.

Ob Sie sich diese Frage täglich neu stellen und durch Ihr Denken, Fühlen und Handeln immer neu beantworten, ist Ihre persönliche Entscheidung.

Commitment

Wie schon mehrfach beschrieben, gibt es für alles ein Potenzial, und wir sind ständig umgeben von energetischen Möglichkeiten. Ob diese sich manifestieren, hängt von unseren Gedanken, Emotionen und unserem Commitment (zu Deutsch: Selbstverpflichtung) ab.

Ein solches Commitment ist die Übernahme der Verantwortung für die Erfüllung einer Intention oder Absicht. Diese Erklärung der Verantwortung, dass sich ein Potenzial realisiert, ist der letzte entscheidende Schritt für Ihren Er-

8. Säule

folg. Wir können unzählige Absichten haben, aber diese realisieren sich nicht, wenn sie keine Erfüllungsenergie aus der persönlichen Verantwortung enthalten. Das muss noch keine Aktivitäten zur Folge haben, sondern Sie versehen Ihre Intention zunächst nur mit Ihrer persönlichen Energie. Damit wird sie kraftvoll und beschleunigt sich.
Das Commitment besteht aus folgenden Schritten:

- Sie haben ein Ziel, das sie erreichen wollen.

- Das Ziel dient Ihrem höchsten Wohl und dem anderer.

- Sie erklären sich für das Ziel verantwortlich.

Es ist eine persönliche Verpflichtung, mit der ich mich für das Erreichen eines angestrebten Ergebnisses verantwortlich erkläre. Dies betrifft alle Bereiche, völlig unabhängig davon, ob die dazu notwendigen Ereignisse oder Prozesse in meinem Einfluss- oder Gestaltungsbereich liegen. Energie hat keine Grenzen, insofern kann sich die Energie meines Commitments direkt mit allen notwendigen Ereignissen verbinden.
Da es für *alles* ein Potenzial gibt, verbindet sich durch das Commitment meine Intention in der Gegenwart mit dem Potenzial der Zukunft und erschafft das Ereignis in der Gegenwart.

Eine erfolgreiche Manifestation benötigt einen festgelegten »Kristallisationspunkt« in der Wirklichkeit. Das Commitment ist eine besonders starke Möglichkeit dazu, weil eine solche Zuständigkeitserklärung eine außerordentlich starke Konzentration auf die Potenziale bewirkt. Sie werden dadurch sozusagen zum Kristallisationspunkt aller Energiepotenziale, die sich nun mit unglaublicher und unwiderstehlicher Kraft auf Sie ausrichten und in Ihr Leben treten. Dies können Sie mit einem Magneten vergleichen, der zwischen Eisenspäne gelegt wird – der Magnet ist Ihre Verantwortung. Und plötzlich richten sich alle Eisenspäne danach aus und streben zu dem Magneten. Ebenso wirkt Ihre Erklärung, die Verantwortung für Ihren Erfolg zu übernehmen. Dies ist sehr kraftvoll, also wählen Sie Ihre Absichtserklärung bewusst und überlegt, denn sie kann Ihr Leben grundlegend verändern.

Ob wir erfolgreich sein werden, hängt davon ab, wie klar wir als Kristallisationspunkt sind. Wenn unsere Manifestationen die Interessen des Ego beinhalten, wir Ängste haben oder glauben, wir verdienten die Erfüllung unserer Wünsche nicht, wird sich die Energie des Commitments mit den Potenzialen der Zukunft *und* unseren Ängsten und Emotionen verbinden. Dies kann zu Blockaden oder völlig unerwünschten Ergebnissen führen. Daher steht das Thema Verantwortung und Commitment am Ende des Prozesses und ist die letzte Säule unserer Brücke zwischen Spiritualität und Erfolg. Wenn wir die anderen Schritte gegangen sind, ist das Commitment sozusagen das »Sahnehäubchen« unseres Prozesses, das gleichzeitig den Turbo einschaltet und wirklich unglaubliche Ereignisse und Ergebnisse ermöglicht.

Bitte formulieren Sie nie ein Commitment aus Angst oder Interessen Ihres Ego!

Wenn Sie beruflich erfolgreich sein wollen, benötigen Sie ein Produkt oder eine Dienstleistung zum Wohl der Menschen. Für dieses Produkt oder Ihre Dienstleistung übernehmen Sie die Verantwortung. Natürlich können Sie auch eine Erklärung für übergeordnete Themen abgeben. Wichtig ist, dass Sie dies nur für Dinge oder Bereiche abgeben, die Sie *wirklich* erreichen wollen. Hier einige Beispiele für Commitments:

- Sie haben eine Massagepraxis: »Ich erkläre mich dafür verantwortlich, dass Menschen einen gesunden Körper haben und bewusst damit umgehen.«

8. Säule

- Sie sind Musiklehrer oder Musiklehrerin: »Ich erkläre mich dafür verantwortlich, dass Kinder einen intensiven, spielerischen und kreativen Musikunterricht erhalten.«

- Sie haben gesundheitliche Probleme: »Ich erkläre mich dafür verantwortlich, dass mein Körper vollständig gesund wird, meine Gedanken, Emotionen und Lebensumstände dies fördern und ich von jetzt an für immer vollständig gesund bleibe.«

- Es gibt ein Thema, das Ihnen unabhängig von Ihrem Beruf sehr wichtig ist und für das Sie sich einsetzen möchten, zum Beispiel das friedliche Zusammenleben von Menschen unterschiedlicher Religionen: »Ich erkläre mich dafür verantwortlich, dass alle Menschen unabhängig von Ihrer Religion friedlich miteinander leben können.«

In dem Moment, in dem Sie Ihre Verantwortlichkeit erklären, wird sie wirksam. Das führt dazu, dass die Ereignisse und Möglichkeiten in Ihr Leben kommen, die die Verantwortlichkeit erfüllen. Jedoch entscheidet dies nicht, ob Sie damit wirtschaftlich erfolgreich sind und das Geld oder die Lebensumstände, die Sie sich wünschen, bekommen. Das hängt davon ab, ob es Teil Ihres Commitments ist. Und hier liegt die große »Ego-Falle«. Wir dürfen, sollen, können, ja, wir haben sogar das Recht, uns jeglichen Reichtum zu wünschen, den wir möchten. Es kommt nur auf die dahinterliegende Intention und Emotion an.

Dies ist vergleichbar mit einem Auto, das entweder in der Garage steht oder fährt. Ebenso ist es mit unseren Absichten. Wir alle haben viele Absichten. Diese sind vergleichbar mit dem Auto in der Garage. Sie existieren also zunächst nur als Wünsche. Wenn Sie sich verantwortlich erklären, erwecken Sie sie zum Leben. Sie setzen sich in Ihr Auto, fahren es aus der Garage und werden Ihr Ziel erreichen. Wie Sie fahren, ob entspannt, aggressiv, ob Sie die

Landschaft genießen oder zu schnell fahren, aus Angst zu spät zu kommen – das alles hängt von Ihren Emotionen ab.

Für mich ist die Übernahme der Verantwortung eine der kraftvollsten Möglichkeiten, die ich kennengelernt habe. Wenn Sie ein Commitment als Erklärung zur Verantwortung von mentaler, emotionaler und spiritueller Integrität abgeben, kann ich Ihnen nur noch einen Rat geben:

»Fasten your seatbelts!« – »Schnallen Sie sich an!«

Investieren Sie genügend Zeit bei der Vorbereitung und Formulierung, und beachten Sie dabei möglichst Folgendes:

- Formulieren Sie Ihr Commitment in der Sprache Gottes.

- Achten Sie auf Ego-freie Formulierungen.

- Unterscheiden Sie zwischen Commitments persönlicher und übergeordneter Art. Vermischen Sie diese beiden Arten nicht.

Mein Freund Michael war beruflich in ein Projekt involviert, das bereits sehr lange dauerte und dessen Abschluss sich immer wieder verzögerte. Wir sprachen oft darüber, wie sich dies ändern ließe oder wo Manifestationslücken verborgen oder Emotionen mit den Absichten nicht kongruent sein könnten. Wir experimentierten und arbeiteten daran, aber eine wirkliche Veränderung stellte sich nicht ein.
Eines Tages kam er zu mir und sagte: »Ich verändere jetzt die Strategie. Ich gebe ein Commitment ab.« »Aha«, dachte ich mir, »ob das nicht etwas zu einfach ist.« »Und welches Commitment soll das sein?«, fragte ich. – »Ich übernehme die volle Verantwortung, dass dieses Projekt schnellstmöglich und erfolgreich zu Ende geführt wird. Das gilt auch

für die Bereiche, die nicht meinem Einfluss unterliegen.« Darüber war ich erstaunt und sehr skeptisch, weil mir das eher wie eine Flucht aussah. Wir hatten alles Mögliche unternommen und besprochen, waren aber nicht wirklich weitergekommen. Da ich aber von Michael wusste, dass er schon manch unglaubliches Ziel manifestiert hatte, dachte ich mir, dass es einen Versuch wert sei.

Was dann geschah, war unglaublich. Plötzlich funktionierten Dinge, die lange nicht möglich schienen. Es ergaben sich neue Möglichkeiten, und nach wenigen Monaten wurde das Projekt erfolgreich abgeschlossen. Was fast zwei Jahre lang nicht funktioniert hatte, entfaltete durch Michaels Commitment plötzlich eine Energie, der ich nur staunend zusehen konnte. Natürlich lag dem Commitment ein Manifestationsprozess zugrunde. Aber durch die Übernahme der Verantwortung wurde der Manifestation plötzlich Leben eingehaucht, wie einer Lehmfigur, die aus heiterem Himmel zu tanzen beginnt.

Geben Sie zunächst höchstens jeweils ein übergeordnetes und ein persönliches Commitment ab. Diese werden Ihnen Schritt für Schritt genügend Herausforderungen und Veränderungen in Ihr Leben bringen.

Bitte beachten Sie dabei einen wichtigen Aspekt: Nachdem Sie Ihre Erklärung abgegeben haben, kann es passieren, dass die Dinge in Ihrem Leben zunächst völlig anderes verlaufen, als Sie dachten, sich sogar verschlimmern, und Sie mit dem Gedanken spielen, den Prozess zu stoppen und zu verändern. Das liegt daran, dass Dinge in Ihrem Leben, die der Erfüllung Ihrer Erklärung, für die Sie Verantwortung übernehmen, im Wege stehen, korrigiert werden müssen.

Praktizieren Sie weiterhin die Sprache Gottes. Erinnern Sie sich daran, dass der Fluss des Lebens langsam, schnell, breit, mäandernd oder unterirdisch sein kann. Bleiben Sie in der Gegenwart, und stärken Sie Ihr Vertrauen. Die Bereitschaft, sich verantwortlich zu erklären, ist der Moment, in dem wir wirklich angekommen sind und mit beiden Füßen in der Gegenwart stehen.

Wir haben die Verbindung von Spiritualität und Erfolg hergestellt und die Statik für unsere Brücke geschaffen. Dennoch muss jede Konstruktion in ihrer Stabilität auch flexibel sein, sonst bricht sie bei der ersten Belastung ein.

Ein letzter Schritt, mit dem wir diese achte Säule unserer Brücke wirklich fertigstellen können, ist die Übernahme der Verantwortung für unsere Ziele, und – so paradox es klingen mag – im gleichen Moment ist das Loslassen der Verantwortung notwendig. Durch Loslassen bringen wir die notwendige Dynamik in die Entwicklung. Ein Ingenieur, der lange mit all seiner Willenskraft und seinem Wissen an einer Brücke gebaut hat, wird sie nach der Fertigstellung loslassen, sonst müsste er Tag und Nacht neben der Brücke stehen und sie kontrollieren, weil er meint, immer noch dafür verantwortlich zu sein. Loslassen bedeutet nicht, dass wir nicht mehr über unsere Erklärung und Verantwortung nachdenken oder uns daran erinnern sollen. Es bedeutet im Gegenteil, sich diese stets bewusst zu machen und dabei immer wieder loszulassen. Wirkliches Vertrauen entsteht nur in dem Moment, in dem wir aktiv sind und gleichzeitig wieder loslassen.

Jetzt haben wir unsere Verbindung zu Gott hergestellt und sind in das Feld der unbegrenzten Möglichkeiten eingetreten.

8. Säule

Aktionsschritte »Verantwortung«

- Überlegen Sie sich Aspekte Ihres Lebens, die noch nicht so funktionieren, wie Sie es sich wünschen, und formulieren Sie dazu Commitments. Schreiben Sie sie auf Kärtchen, und hängen Sie diese an gut sichtbaren Stellen in Ihrer Wohnung auf.

- Vereinbaren Sie in Ihrem beruflichen und Ihrem familiären Umfeld mit Menschen, denen Sie vertrauen, ein Codewort. Immer wenn Ihr Kollege oder Ihr Lebenspartner merkt, dass Sie in eine negative Haltung und Opferrolle verfallen, soll er oder sie dieses Wort sagen. Das erinnert Sie daran, Ihre Gedanken zu kontrollieren.

- Arbeiten Sie immer wieder an allen acht Säulen Ihrer Brücke, denn auch hier gilt die Dualität. Die Arbeit ist abgeschlossen und geht trotzdem gleichzeitig immer weiter. Jede Säule braucht immer wieder Zeit, in der Sie sich mit ihr beschäftigen.

- Verlassen Sie Ihren Alltag, und machen Sie irgendetwas ganz anderes: Kegeln Sie, spielen Sie Skat, joggen Sie, oder lesen Sie ein spannendes Buch. Nehmen Sie sich Zeit dafür, nicht nur »ein Stündchen«, sondern verlassen Sie wirklich Ihre Routine. Wenn Sie dabei ein schlechtes Gewissen haben oder glauben, das könnten Sie sich jetzt gerade gar nicht leisten, weil doch so viel zu tun ist – dann ist es höchste Zeit loszulassen.

▶ Gönnen Sie sich einen echten freien Tag ohne Aktivität und mit völligem Konsumverzicht. Arbeiten Sie nichts – kein Telefon, Fernsehen, Internet, Handy, auch kein Buch oder Zeitung. Machen Sie einfach den ganzen Tag lang nichts. Bei dieser Übung können Sie erkennen, wie sehr Sie in den Alltag und die Illusion, dass ständig etwas zu tun sei, eingebunden sind. Sie wird Sie mit Ihren Glaubenssätzen über Pflichtbewusstsein und sinnvolles Handeln konfrontieren. Zunächst werden Sie den Kopf voller Gedanken an unerledigte Dinge haben. Gehen Sie stattdessen spazieren, genießen Sie Ihr Leben. Diese Übung ist wie ein Ventil an einem Messgerät. Sie wird Ihnen zeigen, ob und wie sehr Sie unter Druck stehen.

Affirmationen

Ich übernehme die volle Verantwortung
                             für mein Leben.

Ich trage Verantwortung leicht und gerne.

Ich lasse los und vertraue.

Es ist für alles gesorgt
                          und für alle genügend vorhanden.

Ausklang

> »Alles fügt sich und erfüllt sich,
> musst es nur erwarten können
> und dem Werden deines Glückes
> Jahr und Felder reichlich gönnen.«
> Christian Morgenstern

Dieses Buch ist für Menschen geschrieben, die mit ihren spirituellen Fähigkeiten erfolgreich arbeiten und ein erfülltes, glückliches Berufsleben führen möchten. Dazu ist Folgendes notwendig:

- ein Produkt oder eine Dienstleistung,
- die Bereitschaft, sich mit spirituellen Gedanken auseinanderzusetzen,
- die Bereitschaft, täglich an sich zu arbeiten, sowie
- unternehmerisches Denken und Handeln.

Wenn Sie Erfolg haben wollen, ist es wichtig, dass Sie sich mit den Gedanken des Unternehmers oder der Unternehmerin beschäftigen. Ich wünsche jedem Menschen, der sich dazu entschließt, persönlichen, spirituellen und finanziellen Erfolg.

Ein erfolgreiches Unternehmen zu führen, sei es nun aus einer Person bestehend oder größer mit mehreren Mitarbeitern, ist eine grandiose Möglichkeit, vielleicht sogar die beste Art, unsere Welt zu verändern. Erfolgreicher Unternehmer zu sein, ist eine der wichtigsten *spirituellen* Herausforderungen, die es gibt. Wenn Sie Unternehmer sind oder sein wollen, ergibt es Sinn, sich Gedanken darüber zu machen, wie dieses Unternehmertum charakterisiert werden kann. Natürlich bedeutet es, Dinge wie Networking und Marketing zu betreiben, und auch, sich betriebswirtschaftliche und steuerliche Grundkenntnisse anzueignen. Aber ich möchte hier die grundlegende Schwierigkeit des selbstständigen Unternehmers ansprechen:

Freiheit im Tausch gegen Sicherheit.

Als Angestellter haben Sie immer ein gewisses Maß an Sicherheit wie Arbeitslosen- und Sozialversicherung oder eine Krankenversicherung. Sie bekommen Ihr Gehalt zunächst einmal unabhängig von der Ertragslage. Als Unternehmer haben Sie das alles nicht oder müssen selbst dafür vorsorgen. Zum anderen müssen Sie sich um die Aufträge kümmern und akquirieren. Jetzt denken wir einmal weiter, denn die spirituellen Gesetze sagen, dass für alles gesorgt und immer genügend vorhanden sei. Doch woher sollen beispielsweise Ihre Klienten kommen?

Die entscheidenden Faktoren sind Vertrauen, das Wissen um die Macht der Gedanken und Emotionen sowie Disziplin. Ich persönlich glaube, dass Vertrauen dabei am schwierigsten zu erlernen ist. Ein weiterer wichtiger Aspekt eines erfolgreichen Unternehmers ist der Bezug zu Geld. Ein Unternehmen existiert, damit Geld verdient wird. Wenn Sie also zu den Menschen gehören, für die Geld nicht wichtig ist, wird Ihr Unternehmen nur bedingt florieren. Für Ihre Entscheidung, erfolgreich zu sein, ist es wichtig:

- Geld zu lieben und
- bedingungsloses Vertrauen zu praktizieren.

Schritte in Ihr neues Leben

- Studieren Sie erfolgreiche Menschen und Unternehmer, die Sie interessieren. Das kann ein Konzernmanager, die Buchhandlung in Ihrem Viertel oder Ihr Heilpraktiker sein. Was strahlen diese Menschen aus, dass sie stets genügend Kunden und Klienten haben?

- Haben Sie keine Angst vor Konkurrenz, denn es ist immer genügend für alle vorhanden! Knüpfen Sie stattdessen Kontakte mit Menschen, von denen Sie lernen können und wollen. Wenn Sie dies aus dem Herzen heraus mit ehrlicher Absicht tun, werden sich Ihnen Türen öffnen.

- Festigen Sie Ihr Vertrauen. Wann immer Gedanken über Mangel, Sorge um Aufträge oder finanzielle Schwierigkeiten auftauchen, arbeiten Sie mit Dankbarkeit an der Auflösung solcher Gedanken, und nehmen Sie alles, was Sie haben und bekommen, dankbar an.

- Machen Sie sich immer wieder bewusst, dass Ihr Selbstwert nicht vom Erfolg Ihres Unternehmens abhängt, sondern umgekehrt, dass der Erfolg Ihres Unternehmens mit Ihrem Selbstwert in Verbindung steht.

Herzlichen Glückwunsch!

Sie haben jetzt die acht Säulen für Ihre Brücke errichtet und alles getan, damit Sie Ihre Fähigkeiten mit dem Erfolg, den Sie sich wünschen, verbinden können. Solange dieser Weg zum Erfolg frei von Ego-Aktivitäten ist und keine unterbewussten Blockaden enthält, wird sich Ihr Leben in kürzester Zeit positiv verändern.

Natürlich kann es sein, dass die eine oder andere Säule Ihrer Brücke wackelt. Das macht nichts, im Gegenteil, das gehört dazu. Bleiben Sie stets aktiv, und lassen Sie los.
Im »Tao Te King« werden diese scheinbaren Widersprüche immer wieder beschrieben. Das Universum oder Gott, die göttliche Kraft, die uns bedingungslos liebt und unterstützt, wird sich um alles kümmern, *wenn* Sie dazu bereit sind und vertrauen.

Tue nichts, und nichts bleibt ungetan.

Dies ist die gelebte Verbindung zu Gott. Wir leben unser höchstes Potenzial, und alles, was wir uns wünschen, kommt in unser Leben.

Die Erzengel Michael, Gabriel, Chamuel, Ariel, Haniel und Metatron haben mir dabei geholfen, dieses Buch zu schreiben. Die Energie dieser Engel wird auch Ihnen dabei helfen, Ihre Wünsche zu verwirklichen und Ihre Ziele zu erreichen.
Gehen Sie die ersten Schritte. Engel Hamied begleitet Sie, und es wird sich alles von selbst entfalten.

Jetzt ist die Zeit, Ihr persönliches höchstes Potenzial zu entfalten und zu leben. Jede und jeder wird gebraucht und verdient es, erfolgreich zu sein.

Die Kraft, Macht, Klarheit und Liebe der Erzengel Michael und Jophiel begleiten Sie.

Von Herzen danke ich Ihnen und wünsche Ihnen GLÜCK und ERFOLG.

Dank

»Nehmt meinen Dank, ihr holden Gönner!
Doch glaubt, ich werd' in meinem Leben
niemals vergessen eure Huld.«
Wolfgang Amadeus Mozart

Jedes Projekt wird von vielen Menschen getragen. Ihnen allen gebührt mein herzlicher Dank und meine tiefe Wertschätzung.

Liebe Isabelle, danke, dass du immer an mich geglaubt und mich unterstützt hast, nach all den Jahren mit dem Schreiben zu beginnen.

Meinen Eltern danke ich für alles, was sie mir an Bildung, Erfahrungen und Erlebnissen mitgegeben haben, insbesondere die Liebe zur Musik.

Meinem Freund Michael danke ich für die vielen intensiven und humorvollen Gespräche, seine inspirierenden Anmerkungen zu dem Manuskript, unsere Reisen durchs Universum und die Erlaubnis, sein Gedicht zu veröffentlichen.

Meinem Freund und Kollegen Gido danke ich für sein wirklich sensationelles Trance Coaching.

Dank

Dank an alle Menschen im Hilton Hotel am Tucherpark in München, einem Platz der Ruhe und Kreativität und einem wundervollen Ort zum Schreiben.

Nadama danke ich für seine wunderschöne CD »Touch of Spirit«, die mich beim Schreiben begleitet und immer wieder mit der Energie von Maui in Verbindung gebracht hat.

Von Herzen danke ich meinen Engeln und den Erzengeln für ihre Liebe und Kraft. Ihr habt mich immer getragen!

Über den Autor

Hubert Kölsch ist Seminarleiter, Coach und Autor. Nach seinem Studium hat er 1993 begonnen, im Bereich der Erwachsenenbildung zu arbeiten.

Darüber hinaus hat er eine dreijährige Ausbildung in Systemischer Familientherapie und Beratung abgeschlossen. Im Laufe der Zeit haben das Thema Spiritualität und die Arbeit mit Engeln immer mehr Bedeutung für ihn gewonnen. Seitdem hat er beides in seine berufliche Tätigkeit integriert und bei Doreen Virtue erfolgreich an der Ausbildung zum ANGEL THERAPY PRACTITIONER® und zum Medium teilgenommen.

Das Wichtigste, was er im Laufe dieser Zeit gelernt hat, ist, dass Menschen immer einen Grund für ihre Handlungen haben und daher die Dinge nicht so sind, wie sie scheinen. Er arbeitet für Firmen, Mittelstandsunternehmen und soziale Einrichtungen. Darüber hinaus leitet er spirituelle Seminare und bietet individuelles Coaching an.

Weitere Informationen unter:

 www.divineconsulting.de
und www.hubert-koelsch.de